ハッピーエンドに殺されない

牧村朝子

Asako Makimura

青弓社

ハッピーエンドに殺されない

目次

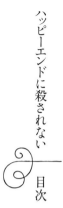

4

話したいこと

装丁／神田昇和

はじめに

ハッピーエンドに殺されたくないの。

本書を手に取ってくださったあなたに、はじめから不穏な一行でごめんなさいね。でも、数ある本のなかから私が書いたものを手に取ってくれたあなただから、ちゃんと伝えたいと思ったんです。いまあなたが読み始めたエッセイ集は、ネット上のコンテンツプラットフォーム「cakes（ケイクス）」に、「女と結婚した女だけど質問ある？」っていうタイトルで二〇一四年から連載されているものの書籍化です。そちらを読んでくださった方にも楽しんでもらえるように、書籍用に加筆・修正して書き下ろしを加えてあります。

これを書いている私は、一九八七年、神奈川で、両親・両祖父母全員教師の家庭に生まれました。祖父は書道家で、家の離れにはいつもお弟子さんがきていて、小学校入学前の私に「いろは歌」を漢字で書かせては「天才だ！　神童だ！」と誇らしげにしていました。私は、大人の期待に応えたかった。だからたくさん本を読んだの。他の子となんて遊ばずに。

女の子だった私に与えられるおとぎ話には、よくお姫様が出てきました。お話はいつも、お姫様が男の人に助けられ結婚してハッピーエンドでした。キスされるまで眠ってるオーロラ姫。リンゴ食って死んで目覚めて結婚する白雪姫。シンデレラだって、美女と野獣だって、だいたい、結婚して終わるじゃない？　しかもだいたい、美人じゃないと話が成立しないじゃない？　何これって大人になったいまでは思うけど、小さな子どもだった私は、「きれいなおよめさんになること」が女の子の正しい未来だと思うようになりました。

だって、大人に褒められたいもん。

思い起こせば、もっと自由な世界へ救い出そうとしてくれていた大人はたくさんいたと思うのです。女の子だって助けを待たずに戦っていいと教えてくれた『美少女戦士セーラームーン』。女の子同士の「好き」の形は一つじゃないと教えてくれた『カードキャプターさくら』。お姫様と王子様の閉じた世界を革命する力をくれた『少女革命ウテナ』。でも、そういうマンガやアニメを「教育に悪いもの」だと叫ぶ大人だってたくさんいました。だから私、オタク的なものを、いけないいけないって見ないようにしてたのね。好きなものを全部否定しました。「マンガもアニメもウソ話。それより図鑑や辞典を読もう。女の子が女の子に好きと言ってるマンガなんていけない。女の子が女の子を好きだなんておかしい。こんなのを読んでちゃいけない！」

そして見事にオタクになりました。

教育的な物語より、『セーラームーン』が面白かった。ＨＴＭＬを手打ちしてイラストサイトを作り（まだ「pixiv」なかったからね）、『ファイナルファンタジー』とかのゲームのＢＧＭをＭＩＤＩで再現し（まだＪ●ＳＲＡＣがおとなしかったからね）、毎晩ＰＢＷでクエストに励み（まだネトゲもソシャゲもなかったからね)、そして、同じゲームのラスボスを毎日殺し続けました。

それで結局、結婚したの。

あのね。私、ほんとに怖いのよ。あの頃のおとぎ話に閉じ込められてしまうようで。

「カミングアウトに同性婚、矢面に立ってくれてありがとう!」

「美人のレズビアンにはブスのレズビアンの気持ちがわからないだろう」

「同性婚した著者は性的マイノリティのなかでも強者。強者ゆえに鈍感だ」

結婚してみて、気づいたのよ。結婚した人を部品と見なす人がいるのね。「なんとかさんの奥さん」「なんとかちゃんママ」「なんとか家の嫁」。女の子はいつか結婚して、「そして、二人は幸せに暮らしましたとさ、めでたし、めでたし」で終わる。私が結婚して、「同性婚した人」と扱われたことで、まるで私自身が、人間を結婚により「めでたし、めでたし」って定位置に片付けてしまうおとぎ話を構成するパーツになってしまったような気がしたんです。

私、いやなの。結婚こそがハッピーエンドという価値観に、殺されてたまるかと思う。

結婚が悪いとは言いません。ただ結婚は、私の人生の最終ページじゃない。「女と結婚した女」としてだけで終わらせられてたまるか。この手で続きを書いてやる、って思う。

「あの人いい歳してまだ独身なの? 実は同性愛者だったりして(笑)」

「えっ、結婚じゃなく事実婚がいいって? 責任から逃げたいだけでしょ、そんなの」

「うちらのなかで売れ残ってるのこいつだけじゃん? いい人見つかるといいね?」

こうして、結婚を絶対的な正解であるかのように押し付けられる人や、結婚しないと幸せになれないのだという思い込みに自分で苦しむ人が、少しでも減るように、って思うの。私自身、いまだに苦しんでいるけどね。だからこそ逃げたくないの。「いつか王子様が……」だなんて、私は思いたくない。私が旅して、私がつかんだ幸せのほうが、誰かにもらうよりもきっと確かなものだと思うから。

そんななかで書いたこのエッセイ集は、読者からいただいた投稿をもとに、常に「あなた」と「わたし」の対話を試みる形で書かれています。でも、それってだいぶエネルギーを使うことでもあるから、「あっ、外に出て人とお話しできる元気がないわ」って思ったときには、一人でひたすら考える形式をとっています。だから、文体がいろいろなの。ロックもバラードも入ってる、でも同じ一人の歌手が歌ってるアルバムを聴くみたいに、読んでもらえたらうれしいと思います（あれ、いまの子はCDアルバムを買ったりせずにデジタル配信で曲単位で聴くのかしら？　それじゃあ、中華も寿司も洋食も食べられるバイキングを想像してもいいかも）。

いろんな日があるの。生きてるんだもの。なのに、世の中で幸せとされるものに自分をはめ込んだら、はい、そこでハッピーエンド、そのまま死人の肖像画みたいになる気がするの。だから、誰かに褒められるために幸せなお姫様の本を読むのはもうやめにして、お話の続きに想像を遊ばせることにするわ。眠れる森のオーロラ姫だっていつか「お前寝てただけやんけ」って夫婦げんかをするかもしれないし、白雪姫もやがて「鏡よ鏡。この世でいちばん美しいのはもうあなたではありません、もっと若い娘です」ってなるかもしれないじゃない？　それ、めっちゃわくわくするの私。

そのほうが、よっぽど、生きてるじゃない！

生きて、書いたものを、生きてるあなたに。私がしたいのは、ただそれだけよ。

それを三年間試み続けた結果、書けたものが、本書です。

は～、爆売れしますように！……って、願いがすぐにはかなわなくたって、ね、とにかく。

あなたに届きますように。

1

〝私〟ということ

「女でよかった」と「男になりたい」をぐるぐる繰り返してしまいます

「女の子は得だよねぇ」と、売れない俳優が飲んだくれていました。

芸能界の〝女の子〟は、水着の仕事ですぐ稼げるし、偉い監督にお酌もできる。それに比べて俺ら男は、ノーギャラのVシネマのためにバイトを休み、時給八百六十円で叫ぶ「いらっしゃーせー！」「A定食一つー！」を発声練習だと自分に言い聞かせながらやっていくしかないんだよ……というのが、彼の言い分でした。

それを聞いて正直、こう思いました。

「じゃ、ビキニ貸してあげよっか？」

男はつらい、いや女だってつらい、でも男のほうがもっとつらいもーん!!、みたいな「そっちよりこっちのほうがつらいです決定戦」。こういうの、ほんとマジで不毛だと思ってます。

女でいるほうが得だと思うなら、女になればいいじゃん。人生はネトゲじゃないんだから、男キャラでいくか女キャラでいくか初期画面で決めて変更不可ってもんじゃないと思うんですよね。

ここで紹介するのは、「普段は女を楽しんでるけど、たまに男になりたくなる」という投稿です。両方楽しむのだって、全然アリじゃないのかしらね？　対話形式で考えていきたいと思います。

はじめまして、いつも牧村さんの記事に力をいただいております。牧村さんの書かれている文章を読み、様々な悩みも「自分は自分でいいんだな」と、ポジティブに捉えられるようになりました。ですが、どうしてもときどき落ち込んでしまい、今回投稿いたしました。

ありがとうございます。ぜひうかがいます。

私は幼稚園の頃から、男性に憧れを持っています。かっこいい男の人を見ると、自分もこうなりたい！と思い、小学校中学年くらいまで、ごっこ遊びや劇で男性の役をやったりして楽しんでいました。でも自分のことは女だと思っているし、普段は女の子を楽しんでいます。

楽しいですよね。男役も、女の子ライフも。

だけど、子どもの頃親に「私は将来かっこいい男の人になりたい」と、本当に何も悪気なしに言ったら、「男の子になりたいなんておかしい！」と怒られました。まだ子どもだったので親の気持ちもわからず、ただ否定されて悲しくなったのを覚えています。

あら、まあ。想像して、私までしょんぼりしちゃいました。

また、私は小学生の頃から、女性に興味がありました。セックスの存在さえ知りませんでしたが、なんとなく、女性の身体ってセクシーだな、と思い、子どもながらにいろいろ妄想していました。思春期あたりからは、男の子の真似をするよりもかわいい物を身につけるのが楽しくなりましたが、いまでも定期的に、男性になりたいという気持ちを繰り返しています。

かわいい格好をするのは楽しいんだけど、それで女の子にモテにくくなるのは楽しくないのよね。

私は、自分が何をしたいのかわからなくなってしまいました。やはり男性にも魅力を感じますが、最近はアイドルなどの自分と関係ない人だけです。身近の男性は、人間として好きになりますが、どんなに好きだと思っていた男性も、相手が恋愛モードに入ると一気に気持ち悪くなります。肉体関係がなくても、精神的な恋愛感情を向けられただけで引いてしまいます。ただの面食いでは?と思ってカッコいい芸能人で想像してみますが、やはり冷めます。男性としての相手に魅力を感じているのに、男性であることを自分に向けられるのが耐えられません。

その気持ち、よくわかります。

例えるなら、単に「自分がこれをかわいいと思うから」でやってる盛り盛りネイルに、「君、それ男ウケ悪いよ。家事できなそうだよね」ってズレたアドバイスされる感じの絶望的距離感。

最近は両親に「そろそろ彼氏を作れば？」と言われます。でも、私は男の人と恋愛をすることに違和感とよくわからない怖さと嫌悪感のようなものがあり、想像するだけで疲れます。自分は、男になりたいな、と思う時期もあるし、女でよかったな、と思うときもあってずっと繰り返しています。そのことは珍しいことではないと思うのですが、女性に魅力を感じたり、好きな男性アイドルに対して「こうなりたいな」と思う自分が嫌いです。

そうなんですね。でも、それは本当に、女性に魅力を感じる自分自身、好きな男性アイドルみたいになりたいと思う自分自身が嫌いなんでしょうか。それとも、距離でしょうか。魅力的な女性へは手が届かない。好きな男性アイドルみたいになりたいのになれない。自分自身とそのまなざしの先との間にある、このどうしようもない距離のさみしさが嫌いなんでしょうか。

親に申し訳なくて、原因を一生懸命探しますが見つからず、なのに無神経に「彼氏いないんだね」とからかってくる親にときどき当たってしまいます。自分は自分でいいと思っていますが、ときどき襲ってくる罪悪感に勝てません。どうしたらこんな自分を許せるのでしょうか。

投稿、とても共感しながら拝読しました。「そうそう！」って。わかったつもりかもしれないですけど。私はこういうつらさを、「彼氏いないいんだね」とからかってくる人のせいにしてやりすごしていたと思います。でも、投稿した方は、「当たってしまう」と表現しています。あまつさえ「罪悪感」を覚えていらっしゃる。優しい方なんですね。でも、少し心配です。全部を自分のせいにしていないかしら、って。

罪悪感に苦しんだって、男になりたい日も女でよかった日もあることには変わりがないでしょう。〝原因〟がわからなくたって、あの女性が好き、この男性みたいになりたいって思う気持ちには変わりがないでしょう。

何より、好きなことに、楽しいことに、やりたいことに〝原因〟なんてないんです。「そこに山があるから」と山に登る人のように、理由ではなく感覚で人は魅惑されるのだと思うんです。

山か海を選ばなくちゃいけないわけじゃないし、山と海の境界線は実は明確じゃないですよね。そういう気持ちで、男も女もどっちでもないとこも、好きなように楽しく歩いちゃっていいんじゃないでしょうか。あなたはもう、自分の歩きたい方角をわかっています。原因なんて探さなくてもいいし、罪悪感を覚えようが歩きたいことには変わりがない。それで誰かとぶつかり合っても、あなただけのせいだと思わないでください。

そんな自分がイヤになったら、眠るなり映画を観るなりアイドルになりきるなりして、自分であることを少し休んでください。大丈夫。人はただ、それぞれに歩いているだけですからね。

私の性的指向、どうやって調べればいいの？

「レズビアンとかゲイとか、名乗れる人がうらやましい。どうしたらそんなに、確信を持つことができるんだろう？」……そう思っていた時期が、私にもありました。紹介するのは、「自分の性的指向はいったいなんなのか」と考え中の方からの投稿です。

まきむぅさんこんにちは。私は二十歳の某美大に通うエリカです。
ここ数年、いや昔から自分の性的指向に小さな違和感を覚えていてLGBT関連のページを探していたら偶然まきむぅさんのブログを見つけ、それ以来まきむぅさんのファンです。まきむぅさんは私にとって憧れのお姉さんのような存在です。偶然にも出身高校が同じだと知ったとき本当に本当にうれしかったです…！

んまぁ、しょっぱなからうれしいことを言ってくださるのね。それで、どうしましたか？

実は「性的指向に違和感」と書いたのですが、いまだに自分の恋愛対象を決められていないのです。女性には小さい頃から性的な魅力を感じていました。それがいわゆる「小さい頃から感じていた違和感」です。

でも何度か男性に恋をしたこともあるのです。いまも気になっている男性はいるのです。ただ、どうしても男性には性的な魅力を感じられません……。

なるほど、よくわかります。私も二十歳のとき、「彼のこと大好きよ！　お肌も女の子みたいにすべすべ！　おっぱいももっと大きくなったらいいのに〜」みたいな恋をしました。

男性から女性として扱われ、優しくされ、好かれることはうれしいのですが、性的な興味を持てません。そして女性には性的な興味を持つ（女性に対して精神的な魅力も感じないわけではないのですが、お付き合いをしたことがないのではっきりとは不明……）という、私の性的指向はいったい何と呼べばいいのでしょうか？　いまだに男性・女性どちらともお付き合いをしたことがありません。

（投稿を一部編集のうえで紹介しました。）

女性には性的魅力を感じるが、男性相手だと恋はしても性的魅力を感じたことがない。そういうあり方については、いくつかの名前が当てはまるでしょうね。例えば、こんな呼び名です。

・アンドロロマンティックジノセクシュアル：本人の性別にかかわらず、男性が恋愛対象で、女性が性愛対象。

なんか、やたら長いんですけどね。また、エリカさんが女性だと仮定するならば、こんな言い方もあります。

・ヘテロロマンティックホモセクシュアル：本人にとっての異性が恋愛対象、同性が性愛対象。

もっとメジャーな言い方ならば、こうでしょうね。

・クエスチョニング：問性愛者。自分の性のあり方を決めていない／決め付けない。
・クィア：性の〝普通〟を疑う者。「変態ですが何か？」みたいなニュアンスの言葉。

こうした言い方がしっくりくるなら、その言葉を自分に当てはめればいいと思います。ただし、言葉のほうに自分を当てはめる必要はないことは、この連載エッセイのもとになった書籍『百合のリアル』でも書いたとおりです。

同時に、性的指向は、決めないまま、わからないままでいたってまったくかまわないものなんですよ。

「好きになった人が好き」「ご縁があれば恋したいけど、恋しなきゃとは思わない」

このくらいでいいんじゃないでしょうか。毎回毎回「アンドロロマンティックジノセクシュアルです」って名乗るのがたいへんだと思うならば。だって性的指向は、名乗るためのものであって、名乗らされるものじゃないですからね。性的指向は、誰もがどれかに当てはまるっていう、血液型みたいなものじゃないんです。そうではなくて、生き抜くために考え出された言葉なんですよ。その背景を、少しお話しします。

いわゆる異性愛以外のあり方はもともと、英語圏では「性的嗜好（Sexual preference）」と呼ばれてきました。「指向」ではなく「嗜好」。つまりは「性癖」みたいな、「単なる趣味の問題でしょ？」的なニュアンスですね。

そうして単なる嗜好だということにされてしまうと、どうなってしまうか。まるで食べ物の好き嫌いでも治すみたいなノリで、人様を無理やり異性と結婚させたり、変な注射を打ったり、怪しい脳手術で廃人状態に追いやったりといった迫害行為が続発してしまいました。

そこで考え出されたのが、「性的指向（Sexual orientation）」という概念でした。人間の恋愛／性愛対象は、好みの問題ではない。それは「個人がどう生まれつき、そしてどのように生きるか」という、選択も変更も不可能なことなのだ——そんな「性的指向」という概念で、はじめて救われる人々がいたわけです。強制結婚から、変な注射から、怪しい脳手術から、はじめて救われる人々がいたわけです。

私は、こうした背景を忘れずにいたいのです。人が自分の性的指向を決めなければならない気がするというのはどういうことか、何がその人をそうさせたのか、ちゃんと見つめていたいと思います。

「アンドロロマンティックジノセクシュアルです」って名乗りたければ、名乗ればいい。だけどそういう名前がなくたって、人は自分の気持ちを信じられるはずです。性的指向は、他人に診断されるものでもなければ、決めなきゃいけないものでもありません。

それを踏まえたうえで、自分のことを自分で知りたいのならば、こんな七つの質問が役に立つかもしれませんね。

アメリカの性科学者フリッツ・クラインによる、「クライン性的指向グリッド」

①性的魅力：どの性別の人に性的魅力を感じますか。
②性的行動：どの性別の人と性行為をしてきましたか。
③性的空想：どの性別の人について性的な想像をしますか。
④感情的嗜好：感情的に言って、どの性別の人に引かれたり親近感を覚えたりしますか。
⑤社会的嗜好：社会的に言って、普段どの性別の人と一緒に過ごしていますか。
⑥生活的嗜好：同性愛的コミュニティと異性愛的コミュニティ、どちらで過ごすことが多いですか。

⑦自己認識：同性愛的か異性愛的かで言えば、自分はどちらだと思いますか。

(Fritz Klein, *The Bisexual Option*, Arbor House, 1978. 邦訳は引用者による)

これら七つの質問に対して、自分の過去と、ここ一年の現在、それから未来の希望について考えてみてください。これは一九七八年に発表されたやや古いものですし、答えに困る質問もあるかもしれません。けれど、自分で自分を知るためには、悪くないかもしれませんね。

あなたがこれからどんな相手に恋しても、恋とご縁がなくても。あなたがあなたの道を信じられることを、私は願っていますよ。

異性とセックスしないと一人前になれない気がする

年の瀬になると、都内のイルミネーションもパタパタ終わってきています。クリスマス頃に街中でベッタリくっついてチュッチュしていたみなさまは元気でいらっしゃるでしょうか。季節はめぐるものですね。

さて、セックスの話をします。

〝やらなくちゃいけないもの〟だと思えるからやるものって、楽しさが半減するなぁと私は思っています。カップルになる、セックスをする、っていうことも、〝やらなくちゃいけないもの〟扱いされがちですよね、特に忘年会とか年末年始の親戚の集まりのうっす〜〜〜いトークの場とかで。

「売れ残りはお前だけか〜、ハハハッ！」とか言って。ハハハッ。

はぁ……。

世の中から、望まないセックスが一つでも減りますように。ということで、「本当はしたくないけど、男性とセックスしないと一人前になれない気がする」という女性からの投稿を紹介します。

単刀直入に、女性は男性とのセックスをしないと一人前の女ではないのでしょうか？　女性との性行為では一人前とは見なされないのでしょうか？

多分しようと思えば男性ともできると思うけど、異性として魅力は感じることはあるものの、恋愛感情はあっても性行為はしたいと思わないのです。女性とならそういう行為もしてみたいと思うのです。

そもそもセックスで一人前になるという気がすること自体が、間違いなのでしょうか？

（投稿を全文そのまま掲載しました。）


そうですね、いろんなことを言う人がいると思いますけど、私からは、こう申し上げたいわ。

「〝異性とセックスしてはじめて一人前〟的な価値観は、ある。でも……それに従ってやる義理はないわ」

自分の価値観を誰かに押し付けないと自分の価値観が信じられない人のことを、私の価値観では一人前とは呼びません。自分の考えを持ち、相手の考えも尊重して、聞いて話してわかりあう対話ができる人のことを、私は一人前と呼びます。「私は異性とセックスしてこそ一人前になれるんだ」と思うことはその人の勝手です。でも、「お前は異性とセックスしてないから半人前だぞ、やれ」って言ってくる人がいたら、私は、まずこう聞きますかね。

「どうしてそうお考えになるの？」

大方、それが生物としての自然だからだとか、男と女は陰と陽だから相互補完しあってこそ完全体になるんだとか、なんかまぁそんなようなことをおっしゃるのかなと予想します。それは、その人の考え方ですよね。「なるほど、あなたはそう思うのね」ってだけです。それに他人を従わせようとするならば、自分と異なる考え方の人の自己決定権を尊重できない、自分一人でも自分を信じることができない、ということですから、こう思います。

「半人前は、あなたじゃない？」


ということで、やりたいセックスだけおやりになればいいと思います。

セックスはとてもリスキーな行為です。他者の性的自己決定権を尊重できない半人前の方が「異性とセックスしてこそ一人前だぞ」と言うからやってみた、といったところで、その行為はあなたを、その半人前さんにとっての一人前にするだけです。そのセックスでの性感染症、喪失感、心の傷、こじれる人間関係、望まない妊娠などのリスクを負うのは、ほかならぬあなたです。

「異性とセックスしてこそ一人前」とか言ってくる他人は、あなたの体に責任をとれないんです。この国では、後輩に強い酒を一気飲みさせる先輩が、毎年のように人を殺しているでしょう。その「異性とセックスしてこそ一人前」論を振りかざす性暴力加害者に、心を殺される人だって後を絶たないでしょう。

そんなやつらの好きにさせるほど、あなたの価値は安くないわ。

全世界と全歴史のうえでたった一人しかいないあなたの体に、あなたの生命に、責任をとれない他人が押し付けてくることであなたがリスクを負うのは、私、許せないの。

大丈夫です。

あなたがあなたとして一人前であるためには、あなた自身を信じてください。あなたはもう、自分がしたいことを見つけています。「女性とならそういう行為もしてみたい」とおっしゃる。なら、そういうあなた自身を信じればいいだけです。

最後に、私の著書から引用しますね。二〇一三年に出版して以降ロングセラーで、一万二千字を書き加えた増補版が電子書籍化された『百合のリアル』で、わりといちばん書きたかった一行です。

セックスのルールはシンプルよ。「している人同士の安全と意思がそれぞれ守られること」。これだけなの。

『百合のリアル』にも書きましたが、私は、女性である私が女性を好きであることはよくないことだと思い込み、男性と一生懸命セックスをしていた時期がありました。こうした自己否定的な望まないセックスを、誰にも繰り返してほしくないと思っています。あなたの安全を、あなたの意思を、どうかあなた自身で大切にしてください。あなたが異性とのセックスで一人前になれると本当に思うなら、おやりになってもいいのかもしれない。でも、それは、本当にあなた自身の意思でしょうか。また、その異性の相手の意思に沿うことでしょうか。

〝やらなきゃいけない気がするセックス〟が、〝一人前に見られたいセックス〟が、一つでも世の中から減りますように。クリスマスイルミネーションが片づけられる年の瀬の東京で、そんなことを私は願っています。あなたを一人前にするのは、他の誰でもなく、あなた自身です。

恋人がいる人に恐怖心を抱いてしまう

理解ができないもののことを、人は「怖い」と思うわね。ここで一緒に考えていきたいのは、「パートナーがいる人に恐怖心を抱いてしまう」という、にこさんからの投稿です。


はじめまして。にこと申します。二十代女性です。

私は他人を好きになるという感覚がわからず、セクシュアルマイノリティの方にかぎらず、パートナーがいらっしゃる様々な方々に恐怖心を抱いてしまいます。

というのも、子ども時代から大人になっても他人を恋愛対象として好きになれないからです。どうして他人を恋愛感情を持って好きになれるんだろう……そればかり疑問に思います。女の人、男の人、そうでない人、それぞれに好意を持ったことがあります（女の人ならかわいい、男の人ならかっこいい、どちらでもない人なら、すてきという感情です）が、私は恋愛感情には発展せず、二十歳を超えても自分の性的指向がわかっていません。「こんな不誠実な自分のまま相手と付き合えるのだろうか」「相手に失礼ではないだろうか」と不安になり、一度もお付き合いをしたことがありません。

（投稿を一部編集のうえで掲載しました。）

話してくれてありがとうございます。

実は私も、自分の恋愛とか性的指向とかよくわかりません。「ま、いっか」って思っています。

読者のみなさんから愛や性についての話をうかがってエッセイを書くからにはと〝恋愛〟とか〝性的指向〟という概念について勉強した結果、こんなことがわかったからです。

「**恋愛なんて……恋愛なんて、最初からなかったんだ……!!**」（**ドドーン**）

どういうことなのか。続いてご説明していきましょう。

恋愛感情を分析するとこんな成分が検出されるのではないでしょうか。

・かわいい。かっこいい。すてき。（好意）
・一緒にいたい。（さみしさ）
・セックスしたい。（性欲）
・自分のモノにしたい。（所有欲）
・この人といれば安心する。（信頼）
・この人がいないと自分はダメだ。（依存）
・自分がいないとこの人はダメだ。（裏パターンの依存）

・運命を感じる。（日常に対する飽きと、変わりたい欲求）
・自分もある程度の年齢に達したのだから恋愛くらいするものだ。（社会的承認欲求）
他にも、「芸の肥やしにしたい」とか、「『an・an』（マガジンハウス）のセックスできれいになりたい」とか、そりゃあもういろんな成分が含まれうることでしょうし、恋愛の成分表示表は人によって全然違うことでしょう。

品質変化もします。分析者によっても結果は違います。「お前、運命だとか言ってるけどそれ性欲じゃん？」的なこともあります。

そういったごたごたを、便宜上「恋愛」とまとめているだけなのです。ヤマザキパンのパンと第一パンのパンは成分が違いますが、袋に「メロンパン」と書けば私たちはメロンパンと認識するわけです。投稿してくださったにこさんの周りの方々も、みんな恋愛してるように見えるかもしれませんが、それ、袋に「恋愛」って書いてあるからそう見えるだけですよ。中身、みんな違います。

それに、ご存じかもしれませんが……、

「性的指向」もべつに、「なかったんだ……!」（ドドーン）です。

にこさんは「二十歳を超えても自分の性的指向がわかっていません」とおっしゃいますが、年齢は関係ないです。『同性愛は「病気」なの？』でも少し触れましたが、性的指向という言葉は目的があって生まれたものなんですよ。かつて同性愛が「矯正可能な一時的嗜好にすぎない」と考えられ、刑罰や怪しい注射の対象にされてきたという反省から、「嗜好（preference）じゃないよ、指向（orientation）だよ。だから刑罰や注射をしても変えられないんだ」ということを強調して、異性愛以外のあり方を社会的に保障したという、きわめて政治的な西洋由来の言葉です。
何が言いたいかというと、「〝性的指向〟って言うことで人を助けたかったってだけの話だから、それで不安になったりすることはないよ」ってことです。他者を恋愛や性欲の対象としないあり方のことを、「アセクシュアル（無性愛）」という性的指向として扱うこともありますが、べつにそこに無理に自分を当てはめる必要も全然ないです。こういう言葉は、「着たければ着ればいいっていう程度の制服」みたいなものかな。
そのうえで、次のことを考えてみましょう。

「パートナー」って、本当に、性的指向に基づく恋愛感情ベースで決めるもの？

好きな人がいて、パートナーがいることは当たり前のことなのでしょうか？　それができない私は変な人なのでしょうか？　最近、周囲がパートナーと一緒に暮らしているという話を聞き、日々変な自分と向き合う孤独感に押しつぶされそうになります。

こうおっしゃる方に「大丈夫、あなたは変な人なんかじゃありませんよ」と言うことは簡単でしょうが、私個人はどちらかというと「大丈夫、みんな変だから」と言われたほうが救われる種類の人間です。あなたはどうでしょうか。難しいですね、あなたも私もあの子もこの子も、みんなみーんな違うから。
ぼくたちみんなメロンパンです。焼き色も砂糖粒のちらばり方も一個当たりのカロリーも厳密に言えばみんな違うのに、袋に「メロンパン 433kcal」って書かれているからなんかそんな気がしちゃうだけです。パートナーと一緒に暮らしている人たちの間にあるように見える〝恋愛〟もそれぞれ別物だし、そもそもパートナーとの関係が〝恋愛〟だとはまったくかぎらないのに、「思春期になると異性に惹かれるようになります。男子も女子も平等に支え合って生きましょう」とかなんとか保健体育の教科書に書かれているから、なんかそんな気がしちゃうだけです。

だまされてたまるか。だまされてたまるか〜〜っ。

人間のパートナーシップは恋愛に基づくものとはかぎりません。

具体例を出せば、フランスでは、一緒にビジネスを営む男性二人が公的パートナーシップ制度に基づいて、同性同士でパートナーシップを結んだ実例がありました。フランスだけでなく日本でも、「結婚やそれに類するパートナーシップ制度の利用にあたって二人が恋愛関係になければならないとはべつに法律のどこにも書いてないじゃん」っていうのは、連載の過去記事「異性と恋愛するより、同性の親友と暮らしたい」（本書八五ページ）でも紹介したとおりです。

それにね。

先日、LGBTのフォトグラフを見る機会があったのですが、当事者の方がとても自信を持って輝いて見えて、やはり少し怖くなりました。

安心して！　そのうち何組かはもう別れてるわ!!

どうあがいたって、人は一人ですよ。人はみんなバラバラに違うし、それぞれに孤独です。そんな内なる孤独との戦い方の一つとして、「ある程度似たあり方の人たちに〝ＬＧＢＴ〟とかそういう言葉を当てはめる」「合う気がする人とともに生きるパートナーシップを結ぶ」などがあるわけです。

でも、それらは戦略の一つでしかありません。他人がどうやって戦うかなんてどうでもいいですから、しっかり休養しながら、自分の戦い方を見つけていきましょう。

私にもパートナーがいますが、私は〝一人〟です。誰とも〝二人〟になれるとは思いません。戦うにあたって他人に頼っていては、本当の強さは身につかない。孤独から逃げるように二人でいたがるより、一人であることを忘れないほうが、ずっと強くなれるって私は信じていますよ。

自分が愛と呼んでいるものが、本当に愛なのかチェックする方法

最近、愛を試すための画期的な方法を見つけたんですよ、常磐線の終電の車内で。とっととやり方を説明しますね。とっても簡単。自分が愛と呼んでいるものが本当に愛なのかを試すための方法は、自分に対してたった一つ、こう質問するだけです。

「あなたが愛する人に「あなたがいなくても幸せ」と言われたら、うれしいですか？　悲しいですか？」

なぜこれを常磐線の終電の車内で思い付いたのかは後に回して、投稿を紹介しますね。「片思いの相手に二度告白して二度断られたけれど、私だけの存在でいてほしいという独占欲が消えない」という話です。

私は、大学に通っている二十一歳のビアンです。

〔ビアンとは、レズビアンの略称。蔑称やポルノのジャンル名として使われてきた「レズ」という表

現を避けるために、また、「レズ」という表現を避ける感覚の持ち主であるかどうかを互いに見分けるために使われる傾向がある言葉：引用者注）

私には片想いをしている同級生がいます。過去に二度告白したことがあります。二度とも断られていますが、どうしてもその同級生を忘れることができずに引きずっています。

でも、その同級生は、気まずい空気を作らず、私を親友だと言ってくれて相変わらず仲がいいです。とてもうれしいのですが、同級生は気分屋で感情の変化が激しい人なので、私といたくないときや一人でいたいときは別の友達のところにいったり、近づくなオーラを出してきたりします。

なので私は心の奥で「私のこと本当に好きなのか」「本当は私のことどう思っているのか」、すごく気になって、考えているうちに病んでしまいます。

またこの数日、同級生が別の友達と、ＬＩＮＥのアイコンをおそろいで設定している光景を見たときも、とても落ち込んでしまいました。いまそんな状況です。

嫉妬してしまったり、私だけの存在でいてほしいなどの独占欲が強いのは普通なのでしょうか？　それとも私が異常なのでしょうか？

（投稿に一部注釈を加え、全文掲載しました。）

投稿をありがとうございます。さて、ここでもう一度、冒頭の質問を受けて考えてみてください。投稿者のあなたにも、読んでくださっているあなたにも。

「あなたの愛する人に「あなたがいなくても幸せ」と言われたら、うれしいですか？　悲しいですか？」

さあ、どうでしょうか。

ちなみに、愛するっていうのは、恋愛に限らない意味ですよ。すぐには答えが出ないかもしれませんね。考える時間と材料を提供するために、ここでこの話をしましょうか。常磐線の話です。

こないだ常磐線で、こんな人と出会ったんですよ。その人と出会ったのは、終電の車内でした。電話を片手にその人は、こんなことを怒鳴り続けていました。

「愛してるから心配するんじゃねえか！　友達とオールするから帰ってこれねえってどういうことだよ！　おめーは俺を愛してねえのかよ！（大意）」

その人は、ずーっとずーっと怒鳴りちらしていました。何度も何度もかけ直し、電車を降りてなお、怒鳴り続けていました。

私はなんか、さみしくなりました。愛を支配の口実に使うなよ、って。ありがちです。愛と名付けた支配の花園に人を囲い込み、花園の外へ出ていこうとする人にこう怒鳴る。

「私を愛してないの⁉」

「これだけのことをしてあげたのに！」

これ、つまりは、「これだけの花園に住まわせてやってるんだからお前は私に花を摘んで捧げろよ」という要求なわけです。「愛してあげてるんだから愛してよ」論理とでも言いましょうか。

さて、こうした「愛してあげてるんだから愛してよ」論理を前に私が思い出すのは、子どもと養育者の関係です。よくいますよね、支配することを愛と呼ぶ養育者って。

「あなたはほんとにもう、ママがいないとダメなんだから♡」

「パパはお前が大事だから怒っているんだ！　あんな男とは別れなさい！」

こういう支配を愛と呼び続ける人は、相手の自由を奪い、自立を妨げます。

確かに、オギャーッと生まれてきた赤ちゃんは、自力で食べ物にありつくこともできません。だから、養育者が赤ちゃんを目が届く範囲で管理し、生きるための諸判断を代行してあげてこそ、やっと赤ちゃんは生き永らえることができます。でもなんか、それを、もはや赤ちゃんじゃない人相手にやっちゃう人っているんですよね。あまつさえ、それを「愛」とか呼びながら。

愛は、もっと自由なもののはずです。

他者を縛り支配の花園に閉じ込めることよりも自分自身の苦しみを解き放つことのほうが、愛の芯に近づくための近道だと私は思います。

「お前は俺が養ってやるから、外で働こうなんて考えるな。愛してる」

「私のことだけ見ていてよ。女友達の連絡先は消して。愛してる」

こういうふうに、相手を自分の思いどおりにしようとするんじゃなくて――。

「俺は、あいつが外で働くと、「あなたの稼ぎが十分じゃないから」とか言われているような気がして苦しいんだ。それに、他の男のところにいっちゃうんじゃないかって怖いんだ」

「私は、あの人が私以外の人と遊んでいると不安になっちゃうの。あの人はとても魅力的な人だから、あの人の女友達もあの人を好きになっちゃうんじゃないかって怖いの」

こういうふうに、自分の弱さを素直にさらけ出せたほうが、よっぽど楽だと思います。

なぜなら……それって、自分一人でもできることだから。

よかったら、ノートか何か用意して、ぜひ書きながら考えてみてください。なぜ、自分の好きな人が、自分の思いどおりに振る舞ってくれないと苦しいのか、ということを。

さて、あらためて冒頭の質問に戻りましょう。

「あなたの愛する人に「あなたがいなくても幸せ」と言われたら、うれしいですか？　悲しいですか？」

いろんな考え方があるでしょうが、私は、私の愛する人には「あなたがいなくても幸せ」と言ってもらえたほうがうれしい。「あなたがいなくても幸せ。でも、あなたがいたほうがもっと幸せ」ってお互いに言い合える関係であったほうが……まあ、正直少しさみしくはあるけど……うれしいです。

なぜなら。

人はいずれ必ず死ぬからです。

誰かの存在に自分の幸福を預けているかぎりは、その人の死や不在とともに自分の幸福も終わってしまいます。そんな不安定な、いつ終わるかもわからない幸福、私は、怖いです。

だから、自力で幸せになりたい。自分で自分の弱さを認め、自分で自分の食べたいものを食べ、眠り、文字どおり自慰をして、生きていたいと思います。自分に愛をくれる人がいないと死ぬ、みたいな赤ちゃんのような存在でいるより、自分で自分を愛せる、できれば自分以外の存在も等しく愛せる成熟した存在でいるほうがもっと遠くへいけると思うもの。

まずは、自分で自分を満たしてみてください。自分がなぜ満たされないのか、本当の理由を考えてみてください。本当に求めているのは何かを考えてみてください。例えば自分の幸せ度が五〇パーセントだと思うなら、残りの五〇パーセントを他者に与えてもらおうと思わず、なんとか自力でつかんでみてください。かく言う私は、そうだなあ、今日は八〇パーセントくらいかなあ。あっ、ちょっといま、マカダミアナッツチョコ食べますね。八一パーセントになりました。えへへ。

投稿者が出した例を借りるなら、他人のLINEアイコンは自分の意思でコントロールできないんですよね。でも、自分の好きな人が他人とLINEアイコンをおそろいにしたことに落ち込んでしまう自分自身については、もうちょっと自分の意思が及びやすいでしょう。好きな食べ物はありますか？　私はマカダミアナッツチョコです。食べましょう。一パーセントずつでもいいですから、自力で幸せになりましょう。他者が自分の思いどおりにならないことで幸せパーセンテージが減っちゃうことについては、もうしょうがない。なかなか一〇〇パーセントにできないことも、もうしょうがない。ただ、自分で幸せパーセンテージを増やすことを覚えれば、人は、こう言える強さを手に入れられるのだと思うのです。

「あなたがいなくても幸せよ。でも、あなたがいると、も〜っと幸せよ！」

あなたが、自分の思いどおりにならない他者に自分の幸せを預けないように、誰かが愛と名付けた支配から自立して生きられるように、私は願っていますよ。自分勝手にね。

「性的嗜好」と「性的指向」の違い、知ってますか？

突然ですが、あなたは「性的嗜好」と「性的指向」の違いを説明できますか？「性的指向」。会社の人権研修や国連の声明を報じるニュースで耳にしたことがあるのではないでしょうか。「同性愛は性的嗜好じゃなくて、性的指向です！」という言い回しで聞いた人が多いかもしれません。でも、どっちにしろ「セイテキシコウ」って発音するし、よくわかんないなー、と思う方もいると思います。ある相談者からもこんな投稿をもらいました。

自分の読解力がないせいか何度読んでも、「性的嗜好」と「性的指向」の違いがわかりません。

一度、幼稚園児にでもわかるくらいのわかりやすい説明をしていただけませんか？

（一部言い回しを改めたうえ、全文掲載しています。）

あらやだ、嬉々としてお答えしちゃうわ。さっそくいきましょうね。

さて、「嗜好」と「指向」は何が違うんでしょうか。幼稚園児に性的指向と性的嗜好の違いを説明したことはまだないんですが、極力簡潔に言えばこういうことです。


【性的嗜好】何に対して性的に興奮するか。例：脚フェチ、ラバーフェチ、マゾヒスト、貧乳好き、おじさま好き、赤ちゃんプレイ好き、外専、デブ専など。

【性的指向】どの性別の人間を恋愛や性愛の対象とするか。恋愛・性愛の対象がない場合も含む。例：同性愛（ホモセクシュアル）、異性愛（ヘテロセクシュアル）、両性愛（バイセクシュアル）、汎性愛（パンセクシュアル）、非性愛（ノンセクシュアル）、無性愛（アセクシュアル）、問性愛（クエスチョニング）など。


そして「性的嗜好と性的指向は別物だ」という説明がなされる場では、たびたびこういうことが言われます。

「同性愛は性的嗜好じゃなくて、性的指向です。持って生まれた変えられないもので、ヘンタイとは違うんですよ。だから差別してはいけません！」

私はこれに全力で突っ込みたい。ヘンタイなら差別していいっていうのか!!　おかしいでしょ!!

「同性愛は性的嗜好じゃなくて性的指向です」

ここまでは百歩譲っていいとしても、「だから差別してはいけません」とつなげるのは、絶対ダメだと思いませんか？　世のサディストは、おっぱい星人は、おもらしAVコレクターは、後ろ指さされてヒソヒソ噂されて元恋人に噂をばらまかれて近所からハブられて職場からも追いやられても仕方ないと、そう言うんでしょうか。「指向じゃなくて嗜好だから」っていう理由で？

とんでもないわ！　とんでもなさすぎて誰と戦ってるのかわからなくなってきたわよ‼

これって、差別をなくすための言説がかえって差別を生んでいる皮肉な状況なのよ。もともと性的指向／性的嗜好の区別は、一九八〇年代くらいまでのさばっていた「同性愛などという変態嗜好は矯正すべき」派の人たちにこう言い返すためのものでした。

「同性愛は〝嗜好〟ではありません。好みの問題じゃなくて、私たちがどういうふうに生まれついているかの問題です」

ところが近代になってジェンダー論やセクシュアリティ論が発展し、セクシュアルマイノリティの権利運動も盛んになった結果、次のような考え方のシフトが起こったわけです。

【一九八〇年代くらいまで】「異性愛＝普通。異性愛に当てはまらないのは全部特殊な嗜好」

【現代】「人間にはそれぞれ、どの性別に恋愛感情が向くか、という性的指向がある。異性愛も同性愛も、また恋愛対象を持たない無性愛も含め、それぞれの性的指向に優劣はない」

まあ、頭が一九八〇年代からアップデートされていない人もまだたくさんいる状況ではありますけどね。しかしこの「性的指向」という考え方こそ、世界保健機関が同性愛を病気ではないと定めたり、国連が性的指向に基づく差別をなくそうと取り組んだり、日本の文部省（当時）が同性愛を青少年の非行リストからはずしたりといった、セクシュアルマイノリティについての前向きな変化を生んだと言っていいでしょう。

なのに、なのによ。よくも「嗜好じゃなくて指向、だから差別しちゃいけない」なんて言えるものだと思うのよ。差別をなくすための言説で、新たな差別を増やしてどうするのって話です。

ロリコンだろうが露出趣味だろうが、犯罪行為を起こさないかぎりは、そういう性的嗜好を持っているってだけでは責められるものじゃないでしょう。罪を憎んで嗜好を憎まず。例えば、痴漢を本当にはたらいた人が会社をクビになるのは致し方ないとしても、痴漢モノAVや痴漢モノ官能小説で自身の欲望をコントロールできている人が会社をクビになったら、それは性的嗜好に基づく差別です。

だから、指向じゃなくて嗜好としての同性愛も、おおいにやったらよろしいと思うの。

私は腹が立つのよ。「同性愛は性的嗜好じゃなくて性的指向です‼」と叫ばれるせいで、「えっ……自分は同性とのセックスをプレイとしてするのは好きだけど、べつに自分を同性愛者だと思わないし恋愛は異性としたいなぁ」みたいな「性的嗜好としての同性愛」が抑圧されることに。「性的嗜好」を見下すことでしか「性的指向」の地位が向上しないならば、私はそんな言葉に乗りたくない。そんなことするくらいなら、私の同性愛も性的嗜好で結構です。私は、ボーイッシュ巨乳が好きだからボーイッシュ巨乳な女性と結婚した変態嗜好者よ。誇らしく変態として生きるなんて、幸せじゃないの。私、彼女のこと、巨乳も含めて全部好きよ！

ってことで「性的嗜好／指向の違いとは何か」というお話をしてまいりました。

まとめると、社会人としての一般常識的に言えばこういうことですね。「性的嗜好＝何に興奮するかという好み。性的指向＝どの性別を恋愛対象とするか、もしくはしないか、という生き方」でも、そこを分けて助かった人もいれば、そこを分けたせいで苦しんでいる人もいるのよ。そのことを忘れないようにしたいものですね。何人たりとも、「差別されていい理由」なんてない。変態上等よ！

女性と交際していますが、男性の体が恋しくなります

好みじゃないのに、恋に落ちちゃう。そんなことって、ありますよね。だけれど恋が実った後に、どうしてもうるおせない渇きを感じたとしたら……。紹介するのは、「女性と交際しているが、男性の体が恋しくなる」という方からの投稿です。

私には現在、遠距離恋愛中の彼女がいます。

彼女と付き合うまで、私には、男性としか付き合ったことがありませんでした。最初に彼女が告白してくれたとき、「私は男の人しか好きになれないから」と断りました。ですがその後も何度もアタックしてくれて、私は悩んだあげく、彼女以上の人はいないと気づき、お付き合いすることを決めました。

何度かセックスもしました。最初は正直抵抗があったのですが、彼女とのセックスは愛がたっぷり感じられてとても心が満たされます。

ここからが私の悩みです。彼女のことがとても好きでものすごく大切なのですが、もともと女性が好きだったのではなく、好きになった人が女性だった私の場合、ときどき、男性の体が無性に恋しくなることがあります。男性の体のがっちりした感じ、におい、性器を私は好きなんです。

彼女とはなんでも話し合うオープンな関係ですが、このことについては正直に言えません。彼女は傷つくと思います。一度、彼女に「もし私と別れたらまた女の人と付き合うと思う？」と聞かれたとき、「私は女の人が好きなんじゃなくてあなたが好きで一緒にいる。あなたと別れたらまた男の人と付き合うと思うよ」と言ったら、少しショックだと言われました。

私はときどき男性の体を恋しがるこの気持ちとどう折り合いをつけていいかがわからず、彼女との将来が不安になったり正直に言えない罪悪感のようなものを覚えたりしています。

このことを誰にも相談できないのですが、もしまきむぅだったらどうするかをお聞きしたく思っています。

（プライバシー保護のため、投稿を編集のうえで掲載しました。）

投稿をありがとうございます。

愛する女性がいながら、男性の体が恋しくなる気持ちを、投稿者は「罪悪感のようなもの」と表現しています。そう感じてしまうのも仕方ないかもしれません。性欲はしばしば愛よりも軽んじられ、低いところに置かれるものですものね。ですが、「性欲よりも愛が尊い！」っていうのは、一つの価値観にすぎません。誰に何を言われようが、自分の性欲を自分で罰することはないと思います。

そのうえで、私ならどうするか、というご質問ですが……。

はっきり申し上げます。

私なら、彼女とお別れすると思います。

私は、投稿者と逆のパターンを十数年間続けてきました。つまりは、男性とお付き合いし、男性とセックスしながらも、女性の体を恋しく思っていたんです。

「リョウくん（仮名）、大好きよ！（……あとはおっぱいがついていたらもっと好き）」

「カズくん（仮名）、力こぶすご〜い！（……まぁ、私はぷにぷにの二の腕をぷにぷにしてるほうが楽しいけど）」

こういうことを続けていたら、どんどん自分が嫌いになりました。自分がものすごい嘘つきであるように思えました。感じることより感じるフリをすることばかりに集中して、次第に自分の体が自分の操り人形みたいに思えるようになってきました。

そういうなかで、気づいたんです。

「私は、この男の人が好きなんじゃなくて、この男の人を喜ばそうとすることで自分の存在意義を見いだすことが好きなんだな」……って。自分が存在していいって思うために、他人を道具にすることはないよなあ。そう思って私は、男の人と無理にお付き合いするのをやめました。

おっぱいがついていて、女性らしい柔らかいにおいがする、ぷにぷにした二の腕の女子を想像しながら男子とセックスするくらいなら、はなから女子とセックスしたほうが楽しいし、男子に対しても失礼にあたらないですものね。

だから、投稿した方も別れたほうがいいですよ。別れて、男性と付き合いしましょう。確かにいまは、彼女と付き合うことで、心が満たされているのかもしれない。でも、体は満たされないんでしょう。がっちりしてて、男のにおいがして、男の性器がついている人と愛し合ったほうが、心も体も両方満たされるんじゃありませんか？

……**って言いましたけど、よけいなお世話よね**。

すみません。ついつい彼女のほうに感情移入してしまって、意地悪な書き方をしてしまいました。ごめんなさいね。二人のことは、二人のこと。私がどう思うかなんて関係ありませんよね。こうして「別れて男と付き合えば？」って言われて、もし投稿した方が不愉快になるならば、それはそうしたくはないっていう証拠だと思います。

ならば、です。「つい男の体が恋しくなる気持ちをどうしよう」じゃなくて、「彼女とのセックスライフをどう充実させるか」という方向性で考えてみませんか？

この二人だからこそできる、っていう愛し合い方を見つけましょう。

いまは、性別に縛られずに楽しめる道具はたくさんあります。挿入している側も気持ちよくなれるストラップオンディルドなり、女性二人が同時に気持ちよくなれるバイブなり、〝男性のにおい〟を模したフェロモン香水なり。昔は、こうした道具を一生懸命自作していた女性もいたんですよ。ややリスクをともないますが、クリトリスを挿入可能なレベルの大きさに鍛える女性もいます。

道具で〝男役〟を担わないにしたって、お互いの体でこその快感を追求するという方向性も考えられますよね。女性同士でのセックスを追求した指南書やDVDもいろいろ流通していて、例えば洋書『レズビアン・カーマスートラ』では、女性同士で気持ちよくなるための体位がいろいろ紹介されています。

また、恋愛対象と性欲の対象を分けて考える人だっていますすね。お互いに束縛し合わない、いわゆるオープンリレーションシップを結ぶことや、よく話し合ったうえで男性と割り切った肉体関係を持つことも、双方の同意があるならば何の違法性もありません。プロとして、女性に法の範囲内で性的サービスを提供する男性も、世の中にはちゃんといます。

あなたの人生は、あなたの手で幸せにするものだと思います。何かを押し隠したまま幸せなフリをすることは、どうかしないでください。確かに、あなたの言葉は、一時は彼女を傷つけるのかもしれません。でも、傷つけ合うことを恐れてわかりあえないままでいるより、傷つけ合いながらもわかりあおうとすることこそを、私は、愛と呼びたいと思うのです。

ゲイやレズビアンが異性を好きになることもあるの？

突然ですが、「ハズビアン」って何だと思いますか？　恥じらうレズビアン、の略？　それとも、ハズビアンハスキー、みたいな北国らへんの犬？　いや、ハズビアンシェパードかも。ハズビアンレトリーバーかもしれないな。……えっと、なんか犬から離れられなくなってきたので、真面目に答えを書きますね。

「ハズビアン」とは、「昔レズビアンだったけれどいまは異性愛者」の人のことです。英語の俗語で、「hasbian」と書きます。要は、「〜だったことがある」を表す「ハズビーン（has been）」と「レズビアン（lesbian）」のダジャレですね。

ふむふむほほー、ということで、入試やビジネスやＴＯＥＩＣにはカスほどの役にも立たない英単語を紹介しました。さて、この単語が存在するということは、紹介するこちらの投稿にも自然と答えが出てきますね。

ゲイの人が女の人を好きになったり、レズビアンの人が男の人を好きになったりということは起こりうるのでしょうか。

（いただいた投稿の一部を掲載しました。）

はい、起こりえます。レズビアンが男性を、ゲイが女性を好きになるということは。それは、例えば、異性愛者が同性を好きになることもあるっていうのと同じことよね。

自分が異性愛者なのか同性愛者なのかなんなのかっていうことは、医師でもカウンセラーでも過去の恋愛経験でも遺伝子でもなんでもなく、自分自身でこそ決められることです（もちろん、決めなくてもいいんだけど）。

連載の過去記事「同性愛者の見分け方ってあるの？」（本書一八五ページ）でも紹介したとおり、人間が同性愛者か異性愛者かという客観的判断基準は存在していません。

自分のあり方は自分が決める。そして、自分とは変わりゆくもの。ですから、「自分を同性愛者だと思っていたが異性を好きになった」ということも、その逆も、当然起こりうることになりますね。

……しかし、しかしですよ。ここで疑問がわいてくるんです、私。

「異性愛→同性愛」の人に対する反応

「本当の自分に気づけてよかったね！　ありのままでいいんだよね!!」

「たくさん悩んだ先に、自分らしく生きる道を選んだその姿に感動しました！」

「同性愛→異性愛」の人に対する反応

「結局異性のもとに戻っていくのか……」
「若気の至りっていうか、個性的なアタシ（笑）アピールしたかっただけよね〜」

な！　ぜ！　な！　の！！！！

いやもちろん、逆もあるでしょうよ。「異性愛→同性愛」に対して「そっち系に目覚めちゃった（笑）」みたいな嘲笑が向けられ、「同性愛→異性愛」が「まっとうな生き方に戻れてよかったね」と祝われることも、場合によってはあるでしょう。

でもね、例えば、セレブやアスリートのカミングアウトを想像してみてください。もしくは、ゲイバーやビアンバーでの「あの子、異性の恋人ができたんですって〜」みたいなシーンを想像してみてください。

どうでしょう。前記のように、「異性愛→同性愛」がたたえられ「同性愛→異性愛」がディスられる光景が目に浮かびませんか？

どちらも「ありのままの自分」であることに変わりはないでしょうに、なぜ「異性愛→同性愛」は「自分らしい生き方」と評価され、「同性愛→異性愛」は「結局戻ってきた」みたいな残念な人扱いされるのか。そこがほんと、腑に落ちないんです。疑問なんです。私、気になります！

そうして周りが「同性愛→異性愛」を残念扱いするばかりでなくて、またその本人も、自分で自分を責めてしまったりするのよね。

女性にほれたゲイ、男性にほれたレズビアンは、ときに自罰的になりがちです。

「自分のカミングアウトが、誰かを勇気づけられればいいなと思っています！」

「ゲイへの偏見を助長するから、あんまりオネエ言葉でしゃべるのはよくないと思うのよ」

「いちレズビアンとして、多様性が認められる社会に貢献しなきゃ！」

「同性カップルだって立派に子育てしてるってこと、世間にもっと知ってほしい」

ゲイ／レズビアンであることを「ようやくたどり着いた、ありのままの自分らしい生き方」だと思うあまり、いつの間にか「自分らしい生き方」でなく「ゲイ／レズビアンらしい生き方」を追い求めるようになってしまう。「自分としての正しさ」ではなく「ゲイ／レズビアンとしての正しさ」に従って行動しようとしてしまう。

そして、ゲイ／レズビアンらしくないと思える行動――なかでも特に異性を好きになることに対して、たいへんな拒否感と罪悪感を抱いてしまうあまりに、「自分らしい生き方」が結局できなくなってしまう。そういう例をたびたび目にします。

「男性と結婚したら、「やっぱりファッションレズだったのか（笑）」とか言われそう……」

「ゲイなのにエロゲの女キャラで興奮するなんて、俺はおかしいのか……？」

「オモチャとはいえ挿入でイクなんて、私は本物のレズビアンじゃないのかも……」

「いま別れたら、「同性カップルの子どもは振り回されて結局不幸せ」とか批判される……」

などというようにね。

でもね、ちょっとここで例を挙げて考えてみましょう。

例えば、「異性愛者としてありのままに自分らしく生きます！」とか言わないでしょ。「異性愛者としてのカミングアウトがみんなに勇気を与えた」とか言わないでしょ。子持ちの男女カップルが何か問題を起こしたとして、「だから男女カップルの子どもはかわいそうだ」なんて言われないでしょ。「ファッションレズ」って言葉はあっても「ファッションヘテロ」って言わないでしょ。

このように、同性愛と異性愛は、いまだ対等なものとして扱われていません。そして、同性愛者が同性愛者らしく生きなければならないと思わされるのは、まさにこの対等でない社会状況が原因です。

異性愛が中心に置かれ、異性愛以外が周辺に追いやられた、対等でない社会に現代日本の人々は生きています。そして、異性愛でない者だけが「ありのままの自分を見つけた特殊例」として扱われる。そういうなかで、ゲイが女性を、レズビアンが男性を好きになることを批判するのは、「例外扱いしたうえで、例外らしさを強いる」という二重の暴力です。そしてその暴力は、異性と生きることを選んだ同性愛者に対して、同性愛者からも異性愛者からも、また本人からも他人からも振るわれている。そういう状況がいま、現代日本社会にはあるのです。

ですから、ここで私はもう一度言います。

「ゲイが女性を、レズビアンが男性を好きになる」ことは、起こりえます。そしてそれは、べつにいいことでも悪いことでもありません。ただ、「ありうること」だというだけです。

いつか「ゲイ」とか「レズビアン」とかいった言葉が人間を縛ることがなくなるよう願いを込めながら、私はもう一度、本書のもとになった連載の第一回「同性愛は治るものでしょ?」から、次の一文を引きたいと思います。

人間は、同性愛者・異性愛者・両性愛者・汎性愛者・無性愛者・非性愛者・半性愛者・複性愛者・問性愛者・対物性愛者などなどなどなどに分かれているのではない。ただそれぞれに生きて変わりゆく「人間」がたくさんいて、その間の関係性に人がいろいろと――同性愛とか異性愛とか、恋愛とか友情とか――名前をつけているだけなのだ、と。

(「女と結婚した女だけど質問ある? 第一回 同性愛は治るものでしょ?」「cakes」〔https://cakes.mu/posts/5086〕)

叔父が私のパートナー。後ろめたさが消えません

ここで紹介するのは、血縁がある叔父さまがパートナーである、そしてそのことが後ろめたいという女性からの投稿です。

はじめまして二十六歳（独身）女のひたろーと申します。牧村さんの新刊、先日拝読しました。『百合のリアル』はじめ、牧村さんの言葉は私の心にまっすぐにすとんと落ちてきて、心や思考の隙間に染みわたっていくようです。

突然ですが牧村さんは近親恋愛についてどう思われますか？　虐待の延長線のようなものではなく、一人の人間同士としてまとも（？）に築いた恋愛および夫婦、パートナー関係のことです。私は当事者です（血縁ありの叔父がパートナー）。長くなるのでいろいろ割愛しますが、悩んだ末の覚悟を持ってこの道を選んだのですが、やはり後ろめたさはいつも抱えています。

昨今では同性（愛）婚や、夫婦、家族のあり方、ジェンダー、セクシュアリティ（私自身が

いろいろと曖昧です）が取り沙汰されていますが、どうにも置いてきぼりの気持ちになってしまいます。しかし声を上げることができません。保身の気持ちがはたらいてしまいます。いっさい身元を明かさなくていいネットでさえはばかられてしまいます。我ながら矛盾してるな、と思いながらもやもやしています。いっそせめて同性同士だったら声を上げられたかもしれない、と失礼なことまで考えます。

ごめんなさい。何度考えても文章をうまくまとめられないので、半端になってしまいますが牧村さんの考えをお聞かせください。

（投稿を全文掲載しました。）

投稿をありがとうございます。きっと、考えに考えて書いてくださったことなのでしょうね。叔父さまをパートナーと表現しながら、独身と自己紹介しているところからも、ずーっと考えていらっしゃる様子がうかがえました。「近親恋愛についてどう思うか」ということですが、そうですねえ、こう思うわ。

一つの愛の形だし、すばらしいことじゃないかしら。堂々とカミングアウトなさって！　それがきっと社会を変えるわよ!!

……みたいな回答だと、たぶん単純すぎですよね。なんか、人の話を聞かないままメガホンで演説する人みたい。なので、もうちょっと考えてみましょう。

二つのヒント、「自他分離」と「個全分離」

この「覚悟を持って選んだ道なのに後ろめたい」っていう感覚、なんか、もやもやしちゃいますよね。でもね、じっくり向き合ってみると、自分だけでなく他人をも尊重するための、二つのヒントに出合えることだと思っています。一つは、心理学の言葉で言う「自他分離」。もう一つは、いま考えた言葉なんだけど、「個全分離」です。どういうことなのか、具体例を踏まえながら考えていきます。

自他分離――「あなたはそうなんですね。でも、私はこうです」

自分と他人が別の人間だという感覚＝自他分離。当たり前のことに思えますが、この感覚は、例えば「同じ日本人同士」「○○家の人間として」「女性なら普通は」というように、同じ共同体に所属していると感じる人間に対しては弱くなりがちです。

【自他分離ができていない例】

「誰に似たのかしら！　そんな子に育てた覚えはありません！」

「え〜っ、私、三十年も年上の彼氏とか無理〜！　だまされてるんじゃない⁉」

「男なら普通、浮気の一つや二つは考えるものだろ⁉」

でも、これがちゃんとできると、自分を肯定するために他人を否定するってことをしなくなるし、他人に否定されても自分を肯定することができるようになります。この感覚、私が敬愛する女優の杉本彩様の一言「あなたに文句を言ってくる人はあなたの人生の責任を取れない」から学んだことです。この「自他分離」をもうちょっと大きな視点から見ると、こうなります。

個全分離――「ああいう人がいる。でも、こういう人もいる」

個人と全体とを分けて考える感覚、個全分離。これができないと、ある個人が人類全体のあり方を変えてしまうように思えたり、また、ある個人からある集団全体のあり方を決め付けられてしまったりしてしまいます。

【個全分離ができていない例】
「同性婚なんて認めたら、子どもが生まれないから人類が滅びるぞ!」
「年上の家族と恋愛? そんなわけない、あなたは虐待被害者よ。本で読んだわ」
「近所のゴミ出しマナーが悪いのはたぶん○○人の一家だろう。昔、近所に住んでた○○人もゴミ出しマナーが悪かった」

で、この自他分離と個全分離の感覚、日常生活レベルで人付き合いをするぶんにはいいんですよ。ただ、社会制度を設計するにあたっては、この感覚って、取り入れるのが難しいんだと思うんですよね。

「法律でできないことは、いけないことなんでしょ？」

二〇一七年現在、日本の法律では、こういう決まりになっています。
「直系血族又は三親等内の傍系血族の間では、婚姻をすることができない」（民法第七百三十四条一項）

法律っていうのは、「自分たち全体のルール」です。「自分と他人は違う」「個人と全体は違う」的な発想とは、根本的に相性がよくないわね。そのうえでなんとな〜く、「できないことは、いけないこと」ってイメージが生まれてしまう。

でも、何ができないとされているかは、時代によっても地域によっても違うわけですね。「できない、いけないのが当たり前」なんてことはない。

すごく覚えてるエピソードがあるの。二十歳くらいのときだったと思うんだけど、十カ国くらいの留学生が集まって、日本を例に社会と文化について学ぶという講義を受けていたのね。で、百人くらいの学生を前にね、講師がこう言ったの。
「このなかで、いとこ婚を認めていない国の出身の方は手を挙げて」

さて、あなただったら、手を挙げると思う？

日本人の私は、挙げなかったの。日本の法律だと、いとこ婚は可能よね。でも、自信満々に挙げてる日本人もいた。迷いながら挙げてる日本人もいた。ビシッ!!って速攻で挙手した後、「えっ⁉ えっ⁉ 全員じゃないの⁉ えぇーっ⁉ 日本ではOKなの〜⁉⁉⁉!!」みたいな顔であたりを見回してる外国人留学生もいた。その程度のものなのよね。世の中、「決まっていること」なんかない。「決めていること」があるだけなのよ。

決められていても、決めていく

投稿者はたまたま、「叔父とはパートナーシップを結ばないものだ」とされている時代と文化圏に、現代日本に生まれた。そう決められていても、その方がパートナーだって、自分で決めたんでしょう。じゃあ、それでいいんだと思うのよ。

よく、近親間の結婚を法で認めない理由として「子どもに先天的障碍が生じやすいから」っていうのが挙げられますけど、これだって、日本と同じくいとこ婚OKのイランでの研究によるとね、先天的な障碍を持って生まれる子の割合は、近親婚カップルで二・八パーセント、そうでない場合で〇・九パーセントだったそうですよ（Naeimeh Tayebi, Katayon Yazdani and Nazila Naghshin, "The Prevalence of Congenital Malformations and its Correlation with Consanguineous Marriages," *Oman Medical Journal*, 25(1), 2010, pp. 37-40.）。これを「約三倍」とみる人もいれば、「約三パーセント」とみる人もいますね。そもそも子どもを作るとはかぎらないって突っ込みもあるし、障碍はそれを持つ人に不便を感じさせている社会のほうにあるのだ、って考え方もあるじゃない。ほんと、いろいろでしょう、人間。

後ろめたくても、前にいけます。自他分離・個全分離ができていない人がごちゃごちゃ言ってくることもあるかもしれないけど、後ろに置いていきましょう。その人もいずれ、自分という個を見つけるわ。自力で。

いろんな人がいるけど、私ね、それが私と私の愛する人の道をじゃましないかぎりは、「愛を込めてどうでもいい」のよ。あなたのことも、す～っごく、と～っても、どうでもいいわ♡　うふふ。

だって、あなたは私じゃない、あなたが決めた道をいくのだものね。

2

人と関わるということ

男女の友情ありえる派♀―ありえない派♂の間の事故防止策

議論しても仕方ないことの一つに、「男女の友情はありえるか否か」があると思います。ありえる人にはありえるし、ありえない人にはありえない。ただそれだけのことなんですが……。

紹介したいのは、「友達のつもりで一緒に出かけた男性から男女交際の誘いを受け、断ったら「なんでそんな気もないのに一緒に出かけたりしたの、だまされた」と言われた」という女性からの投稿です。

私はどちらかというと同性愛の傾向が強い、両性愛者の女です。最近一つ悩みごとがあって、ぜひ牧村さんのご意見をうかがいたいです。

私は男性のことを好きにならないわけではないのですが、基本的には女性が好きなので、男性の友人と一緒にいるほうが気楽で、よく出かけたりするのも男性が多いです。そのせいか、両性愛者であるというのを周りにあまり言っていないのもあり、友達と思って接していた男性を勘違いさせてしまうことが多々あります。交際の誘いを断るたびに、なんでそんな気もないのに一緒に出かけたりしたの、だとか、だまされた、みたいなふうに言われてしまいます。どうすれば、ちょうどいい距離感を保てるのでしょうか。やはり、男性が恋愛対象になりにくいということを周りに話しておくしかないのでしょうか。何かアドバイスをいただけると幸いです。よろしくお願いいたします。

（投稿を全文そのまま掲載しました。）

う、ううっ……。うううううっ……！　なんというか、なんと言っていいかわからないんですが、お疲れさまでした。

「男女が一緒に出かけるとはそういうことだ」という自分ルールを設定したのは自分なのに、それが社会一般のルールであるかのように思い込み、べつにそのルールで生きてない女性に「だまされた」って言っちゃうその感じ、いやあ、もう、ハハッてなりますね。

でも、「だまされた」って言っちゃう側の男性の気持ちもわからなくもない。

女性と二人きりで出かけることに、ワクワクドキドキしながら鼻毛処理してのぞんだりしたのかもしれませんものね。俺のドキドキと鼻毛を返せ〜！ってなっちゃって、おそらく彼は「べつに男女の友達付き合いをする人だっている。あと、鼻毛は返されても困る」っていう事実にさえ気づけないほどカッときちゃってるのかもしれないわ。まあこれは、私の想像にすぎませんけどね。鼻毛の話も含め。

そう、想像なのよね。

人付き合いって、相手の気持ちを想像することの積み重ねなのかなあと思っています。相手の心の中の声は聞こえないし、人付き合いのうえでは口に出して言わないこともある。「あなたとは恋愛するつもりがない」というのも、あまりわざわざ口に出しては言わないことの一つですね。

本当は、最初から言っておけたら楽でしょう、「これは友達付き合いだからね」って。でもなんかそういうこと言っちゃうと、逆に裏をかいて想像しちゃう人も世の中にはいますでしょう。例えば次のように。

「これは友達付き合いなんだからね、勘違いしないでよね」

↓「照れてるんだ……カワイイなあ……」

↓「なんだコイツ、俺がコイツをそういう目で見てると思ってんのか、そっちが勘違いすんなよ」

↓「セフレってことかな？」

投稿した方の言い回しでも、アレな方向に想像されることはありえると思います。

「私、男性が恋愛対象になりにくいの」

↓「これは悩み相談かな？　俺に治してほしいってこと？」

↓「それなのに俺と二人きりで出かけるなんて……よっぽど俺のこと好きなんだ！」

↓「これは「私、一途なの」っていうアピールだな！」

あとはあれだ、「両性愛者（バイセクシュアル）なんです」って言っただけなのに「3Pしよ」って言ってくるヤツもいるな。それに近いエッセイが本書にも収録されていますけれど（「女同士のカップルに「マジで？ 3Pしよう」って言っちゃう人多すぎ問題」、本書九五ページ)。人付き合いは、こういう勘違いを乗り越え続けていくからこそ深まっていくんだと私は個人的に思っています。

ただね。正直ね。

めんどいわよね、勘違いって。

ぶっちゃけ人生、一つひとつ対話を重ねてわかりあいたいと思えるほどの余裕を持てる日ばかりじゃないじゃない。頭にあることが「だりぃな」しかない日に、「その気がないならなんで一緒に出かけたんだ！　俺をだましてたのか!!」みたいなLINEがきたら、悪いけど「だりぃな」としか思えないじゃない。それは相手にも悪いわねって思うので、私個人は、まだ気心は知れてないなあって思う方と友達付き合いで出かけるときは次のようなことをします。

・そもそも最初は二人きりでは出かけない。まずは三人以上の場で信頼関係を深めてから、必要性があるときにだけ二人で出かける。

・らくちん、かつ、恋愛モードが完全にオフになっているファッションに身を包む。メイクはほぼしない。日焼け止めくらい。

・相手のしぐさ、表情、声色、歩くときの距離などをよくよく観察する。「あっ、これどうも恋愛モードになってる可能性があるな」成分を少しでも検知したら、それこそ「私は男女の友情ありえる派なんだけど、どう思う？　ウチら友達じゃん？」的な感じで、話のネタを出しながらきちんと意思表示をしつつ相手の意思を確認しておく。

でもね、やっぱね、何をしても「そういうつもりだと思ってたのに！」的な事故は起こりえますよ。男女が二人きりというのはそういうこと、っていう強固な思い込みを持っている方は、もうそれでどうしようもないんだもの。

私はこうやって「女と結婚した女だけど質問ある？」だなんてタイトルのウェブ連載をしていますし、日常生活のうえでも女が好きであることを隠していません。さっきも、アメリカ南西部を襲った嵐で停電したホテルでなすすべもなく暇そうにしているロビーのお兄さんに「君はなんでハリウッドにきたの？　旅行？」と言われて「ドナルド・トランプ新政権下のＬＧＢＴコミュニティについて取材しているの」「君もＬＧＢＴなの？」「そうね、私をＬＧＢＴだと言う人もいるわ。私にとってはシンプルなことで、愛する女性がいる、ただそれだけのことだけど」っていう会話をしてきたばかりです。それでもその話の続きはこうなりました。

「えっじゃあさ、子ども生まれないんだ？　欲しいと思わないの？　俺は欲しいよ、妻も子どもも。俺たち歳も近いしさ、将来気が変わって男と結婚したい気になることもあるんじゃないかなぁ人生。ところでこれが俺のInstagram」

そうなのです。自分が異性愛者でないことを話しておいても、異性愛前提の価値観は簡単には変わらないのです。だからといって、話し合うのが無駄だとは思わない。

おっぱいがついていない人とセックスする気は起きないのですが、私はロビーのお兄さんのInstagramをフォローするし、二人きりでの飲みの誘いは断っても、彼が撮る写真が好きだと伝えます。話し合うことは、疲れるけど、楽しい。停電から復旧し、明かりがついた瞬間、ギャーッと二人で歓声を上げました。

「男女二人で出かけておいて、そういうつもりがないなんて、だまされた」系の事故予防策は、おそらく二人きりで出かけないことしかないのでしょう。異性愛者でないことを話しておいたとしたって、異性愛前提の価値観の持ち主は引き続き異性愛前提で物事を見ることを続けるでしょう。

それでも、そういうなかで、いや、そういうなかだからこそ、相手の話を聞き、自分の話をすることの積み重ねには意味があると信じています。投稿した方に「だまされた」って言い放った男性も、この経験を機に、異性愛前提でない価値観、セックス前提ではない男女の人間関係ってものと出会えたわけです。

だからね、きっと、いいのよ、それで。

まあ、それでも、「だりぃな」ってときはあるけどね。そういうときは、一人で昼寝よ。また、友達に会いたい気分になるまでに。

それじゃあ、寝ますね。おやすみなさい。

同性愛者だと両親にばれたら泣かれてしまう。そう思うのがつらいです

本書のもとになったウェブ連載「女と結婚した女だけど質問ある?」。二〇一四年に始まって以来、三年間で百六十を超える投稿を寄せていただいています。投稿のうち最も短い文章は、いまも昔も、こちらです。

同性愛者であることが両親にばれたらきっと泣かれてしまう。そう思うのがつらいです。

以上、全文そのままです。私はこの一行を見つめたまま、しばらく画面をスクロールできなくなってしまいました。

投稿してくださった方と親御さんとが、どんな方々なのかは私にはわかりません。ですので、何も知らないまま「大丈夫、きっとわかってもらえるよ!」なんて励ますよりも、先人に学ぶつもりで、この人の人生を引いて考えてみたいと思います。

アルフレッド・キンゼイ。一八九四年アメリカに生まれ、生物学の博士となり、そもそも「同性愛者」とか「異性愛者」とかいったように人々が分かれているのかどうか、一万人以上にインタビューをして調査した人物です。そして……こんなふうに考えた人でもあります。

「同性愛を治そう。親のために、神様のために」

キンゼイの両親は厳格なキリスト教徒で、父親は大学教授であり、体罰を含む厳しいしつけをする人でした。そんな厳しい環境で育ったキンゼイは、生まれつき体が弱く、リウマチ熱や腸チフスといった病気に次々かかりましたが、適切な治療を受けさせてもらうこともできませんでした。

やがて十歳でキリスト教系ボーイスカウトに入隊させられるのですが、そこにはこんな決まりがありました。

「オナニー禁止」

ですが、やるなやるなと言われると、人間、やりたくなるものです。というわけで少年の頃のキンゼイは、ボーイスカウトの仲間たちに小さな胸をときめかせ、男の子同士での性行為を隠れて想像しながら自慰にふけることがあったといいます。オナニー、しかも同性をオカズに。彼にとってはダブルで罪です。両親に対しても、ものすごい罪悪感を抱いていたことでしょう。

そこでキンゼイは、同性愛を「治そう」と考え、こんなことを始めました。

〝同性愛を治す〟努力リスト

①神に祈る。

②冷たいシャワーを浴びる。

ここまでは、ボーイスカウト側が、オナニーをしてしまった少年に対する指導としてマニュアルに載せていたものでした。……で、効かなかったので、キンゼイはこんなことを始めました。

③自分で自分に罰を与えるため、尿道にワラなどの異物を差し込む。

……が、お察しのとおり、これもまた、キンゼイ少年を新たな快感に目覚めさせただけで終わりました。

人のことだけ言うのはフェアじゃない気がしますが、私もまた、キンゼイのように同性愛を治す〝努力〟をしてきた一人です。十歳で同性に初恋して以降、私がどんなことを——いまとなっては笑っちゃうようなことを〝努力〟と信じてきたかは、連載の第一回「同性愛は治るものでしょ？」でも紹介しました。

その〝努力〟の過程で「あ、これ努力じゃないじゃん、自己否定じゃん」と気づき、「同性愛者に関する偏見や勘違いは世の中にいろいろあるけれど、私は私」ということで、親とも徐々に和解していった……というのが私自身の経験でした。

が、キンゼイさんはゴリゴリの自己否定を続けました。それでとった最終手段がこちらです。

④異性との結婚。

同性愛は親的にNGだけど、ボーイッシュな女の子と結婚すればオールオッケーじゃん！……ということで、キンゼイはボーイッシュ女子クララと生物学者同士で結婚して、二人で力を合わせて人間の性のあり方についての研究を進めていったのです。

このクララがまた、すばらしいパートナーでした。

クララは、キンゼイが男性に惹かれることに理解を示し、こんなふうに言ってあげたそうです。

「べつに男と寝てもいいからね。私も他の男と寝るけどね」

ともに生きるカップルではあるけれども、お互いを性的に束縛しない、いまで言う「オープンリレーションシップ」というやつですね。理解あるパートナーに恵まれ、キンゼイがたどり着いた研究結果が、また味わい深いものですので、紹介しましょう。

「男性は、異性愛者と同性愛者という二つの不連続な集団からなるわけではない。世界は善と悪には分かれない。白と黒にも分かれない。自然界に不連続なカテゴリーがあまり見当たらないのは、分類学の基本である。ただ、人間の価値観だけがカテゴリーを作り出し、物事を別々の小さな箱に無理やり押し込めているだけなのだ。命ある世界は、何もかもすべてがつながっている」

ただ、人間の価値観だけがカテゴリーを作り出すのです。何もかもすべてつながっているはずの世界で、人間は人間をいろいろと区別します。男性とか女性とか、同性愛とか異性愛とか。そうしたなかの「同性愛者」について、いろいろとふくらませたイメージにとらわれ、イメージの向こうの個人が見えない間、我が子が同性愛者だと知った親御さんは悲しむわけですよね。

涙の理由はだいたい、このへんのことです。

①自分の育て方が悪かったのでないか。
②孫の顔が見られないのではないか。
③ご近所や親類から悪評を立てられるのではないか。
④出世が見込めなくなるのではないか。
⑤性感染症にかかるのではないか。
⑥ふしだらな性行為におぼれるのではないか。

さて、一つひとつといきましょうか。①②に関しては「誤解です」の一言ですし（参考：「女と結婚した女だけど質問ある？　第三十九回　子どもができないと分かっていても……」）、③④は、個人の性的指向を理由に差別するほうがおかしいので「逃げるか身を守るかしてください。具体的な暴力や暴言や不当解雇などを受けたら訴えてください」です。で、⑤⑥に関しては、同性愛者じゃなくてもリスクは同じですよね。

この世の中に「同性愛者さん」などという人間は存在しません。

正確に言えば、「現代社会の価値観のうえでは一部の人間が同性愛者というカテゴライズを受ける」ということでしょう。私は、この世の見せかけにだまされたくありません。強くはなれなくったって、静かに賢くありたいと思います。親御さんは涙を流されるかもしれないし、自分もつらい思いをするかもしれませんが、涙の後でかまいません、どうか忘れないでほしいのです。あなたを苦しめるのは、誰かが作った枠組みにすぎないんだっていうことを。

命ある世界は、何もかもすべてがつながっている――そう言い残してキンゼイは、六十二歳でこの世を去りました。「同性愛者であることで親に泣かれたらつらい」なんて、かつての自分みたいに震える人が、未来では少しでも減るように、彼はこの言葉を残していったのだと思いますよ。

「うわーレズじゃん」みたいなのがよくある女子校

「うちら仲良すぎなwwwwwwレズかと思ったwwwwwwww」

とか言ってる女子高生二人組のプリクラがtwitterのタイムラインを流れていくのを眺めながら、私は思っています。この「レズじゃないから（笑）」感、いったい誰に向けて、何のためにアピらなきゃいけないものなんだ……と。紹介するのは、この「レズ（笑）」みたいなやつが日常茶飯事になっている学校に通っている方からの投稿です。

中学、高校での現状について、牧村さんならどんなふうにお考えになるか、うかがいたいと思い投稿させていただきました。

いま、私は女子校に通っている学生です。学校では「○○、同性愛者なんじゃないの？笑」、少しボディタッチが多い友達に対し「うわーレズじゃん、キモっ」などの発言は日常茶飯事です。

学校には私を含め何人か、女の子を好きになったことのある子がいます。正面から注意するのは難しいと思うので、どんなふうに言えば「冗談で言うことではないな」と感じてもらえるでしょうか??

（全文をそのまま掲載しました。）

投稿、ありがとうございます。なんと申しますか、学校生活、お疲れさまです。自分だけではなく他の子たちも気遣いながら、学校生活をよりよくしようとする姿勢、とてもすてきだと思います。ぜひ一緒に考えていきましょうね。

さて、誰かに何かを伝えるためには、相手のことを知るのが効果的ですよね。ということでまずは、そもそもその子たちがどうして「レズ（笑）」みたいなことを言っちゃうのかっていうことを考えてみましょうか。

この「レズ（笑）」のデリケートなところって、単純に「同性愛を笑いのネタにするやつは悪いやつだー！　わー！」じゃすまないところなんですよね。「同性愛者なんじゃないの？」「レズじゃん、キモっ」みたいなやつを、人に言わせている何かがあるわけです。

なぜ、人は同性愛を笑いのネタにしてしまうのか。この件については、数多くの学者たちが、ジェンダー論やセクシュアリティ論をはじめとする学問分野で議論してきました。そういう学者たちが作ったカタカナの専門用語を使って考えるならば、「レズ（笑）」みたいなことを言う人の心理って、こういう感じだと思います。

「同性愛者なんじゃないの〜？　キモ〜い（笑）」的な発言の材料三パターン

①「あいつらと違ってウチらは仲間だよね」っていうホモソーシャルな空気。
②「人はみな異性に引かれる、でなければ異常」っていうヘテロノーマティヴィティ。
③「レズキモい、そう言う私はレズじゃないもん」っていう内面化されたレスボフォビア。

ここで注意しておきたいのが、これら①②③は、いわゆる異性愛者だけが持つものだとはかぎらないっていうことです。「異性愛者が同性愛者をいじめる」とか、「無理解なマジョリティがマイノリティのLGBTを差別する」みたいな単純な話ではありません。投稿者の学校を例にして言えば、「うわーレズじゃん、キモっ」って言っているレズがいると思う、って話です。レズビアンという自認は持っていないにしたって、たぶん、こんな子だっていると思いますよ。

「女の子を好きになったことがある自分の気持ちを否定したいあまり、他人に「レズキモい」って言うことで「だから自分はレズじゃないもん」って自分に言い聞かせている」

私も中高生時代、モーニング娘。が抱き合うプロモーションビデオを見て、何度「キモっ」って吐き捨てたかわかりません。いまは大好きですけどね。ということを踏まえると、私がその学校にいたらこうするなあ、っていう行動は一つです。

言うより、聞きます。

「同性愛者なんじゃないの？（笑）」っていう子には、「え、いま何にウケてたの？」って。

「うわーレズじゃん、キモっ」っていう子には、「何がキモいの？」って尋問みたいに責めたり、なんなの？ってバカにしたりする感じでは決してなく、純粋に、きょとん、って感じで聞こうと思います。

私も実際に「レズキモい」とか言われてきたのでこうやって聞いてきましたけど、たいていみんな答えられないんですよ。そりゃそうだと思います。私たちはいままで、教科書を開けば「思春期にはみな異性に惹かれるようになります」と書いてあり、テレビをつければ「罰ゲームでオネエとキスしてもらいま～す！（笑）」みたいなことをやっている状況に囲まれて生きてきたので。そういう態度が〝なんとなく〟、インストールされちゃってるんですよね。

べつに〝なんとなくキモい〟って思っちゃうこと自体は、しょうがないことだろうなって思います。が、〝なんとなくキモいから他人を笑いものにしていい〟って話にはなりません。だから、〝なんとなく〟としか答えられないのに人を笑いものにしちゃってる自分に気づいてもらえるといいな、って思いながら私は聞いています。

ただ、聞くっていうのもなかなかエネルギーを使うことだと思うので、それがしんどいなら、笑わない、っていうことだけでも立派な意思表明になると思いますよ。〝なんとなく「レズかよ～（笑）」みたいになる空気〟っていうのは、まさにそのなんとなくの笑い声からできているわけなので。

誰かをいけにえにしなくても笑い合える、「レズじゃないからｗｗｗｗｗ」とか言い訳しなくても女の子と女の子が仲良くできる、そんなよりよい関係が、この先に続いていくことを願っています。言葉で他人を変えることは難しいかもしれないけれど、自分の意思だけはどうか見失わないでいてくださいね。

［補足］本稿では、投稿者の学校での実例をもとに、「レズ」という言葉をあえて使っている部分があります。「レズ」はレズビアンの正式名称ではないうえ、侮蔑語として使われてきた経緯もあり、少なくとも公的な場では避けるべき表現です。ですがここでは、実例に忠実に考えていくためにあえて使いました。どうぞご了承ください。

異性と恋愛するより、同性の親友と暮らしたい

同性婚って、同性愛者のためだけじゃないんだ。っていうか結婚って、恋する二人のためだけじゃないんだ。

それに気づいたのは二〇一三年、フランスが同性婚法案をある愛称で呼んだことがきっかけでした。

フランスは「同性婚」じゃなく「みんなのための結婚」法案。つまり、例えば「夫を亡くし、子どもも頼れる親族もいない女性同士が、同性愛関係に基づいてはいないけれども協力して生活する」みたいな生き方にだって法的保障をしてもらえるってことよね。同性婚は、同性愛者のためだけじゃない。

（牧村朝子「twitter」〔https://twitter.com/makimuuuuu/status/295299075098677249〕）

そう。実はもともと、フランスの法律にも日本の法律にも、「結婚は恋愛関係に基づいていなければならない」なんてどこにも書いてないのよね。私も妻との関係が偽装結婚じゃないか調べられたことがありますが、お役所に要求されたのは共同名義での不動産契約書やらなんやらであって、目の前でキスしてみせることではありませんでした。

なのにどうしてこんなにも、「恋愛→結婚」というルートをたどらなきゃいけない気がしちゃうのかしら。ということで、「同性の親友と住んだら楽しそうだと思うのに、異性と恋愛しなきゃいけない気持ちに駆られている」という投稿を紹介します。

私は、独身女性です。もうすぐ、三十近くになりますが、誰とも付き合ったことはありません。恋愛感情というものがわかりません。いま、大好きな親友（女性）と住んだら楽しいのではないか、と想像しています。親友のことは、友達という関係以上に好きです。人として好き、大切にしたい、尊敬している、という気持ちです。これらを全部まとめると「愛している」のかもしれません。そして、セックスしたいとは思いません。

恋愛感情とはどんな気持ちなのでしょうか？「キスしたい」「セックスしたい」という気持ち？ドキドキする気持ち？　男性に関しては、恋愛感情を持たないと！とがんばってしまいます。「これが、ドキドキするってことなのね」「これが、好きってことなのね」「これが、セックスしたいってことなのね」と、確認しながら気持ちを高めているのです。そして、熱が冷めると、その人のことを、性格も何も知らないし、どこが好きなのかわからないのだと気づきます。セックスしたら、この気持ちの正体がつかめるのかも!!と、セックスしましたが、生々しい、気持ち悪い、グロテスク。二度としたくないと思いました。自分でも、何を望んでいるのか、よくわかりません。私が「恋愛」を気にしすぎなのでしょうか。

（投稿の一部を編集のうえ、掲載しました。）

投稿した方は、「自分が何を望んでいるのかわからない」とおっしゃいます。だけどむしろ、よくわかっていると私は思ったわ。

・大好きな親友（女性）と住んだら楽しいのではないか、と想像しています。
・男性に関しては、恋愛感情を持たないと！とがんばってしまいます。
・（セックスは）二度としたくないと思いました。

ほらね。これでいいんだと思うのよ！

投稿した方、ちゃんと自分の「親友と住んだら楽しいのではないか」っていう気持ちを見つけていらっしゃる。ならば、ぜひ話し合ってみたらいいことだと思います。もちろん相手があることですから自分だけでは決められませんが、それは人と人の間のことならいつも同じことです。恋愛であろうがなかろうが、ね。

ともに人生を歩む相手とは、恋愛によって結ばれていなければならない——そんな決まりなんて、それを信じる人の頭のなかにしかないものです。「cakes」上での岩井志麻子さんとの対談（「世界は「ふつう」じゃない」）に出てきたとおり、昔はむしろ「恋愛→結婚」というコースがふしだらなもの扱いされていたんですよ。

ともに生きるために必要なのは、恋愛じゃない。信頼よ。

性別に関係なく、恋愛かどうかに関係なく、住みたい人と住めばいいし、生きたい人と生きればいい。そうして女同士で生きていく月日が重なると、いつか「恋人同士なの？」って聞かれることもあるかもしれませんね。だけど恋愛扱いされなきゃいけない義理も、恋愛しなくちゃならない義理もありません。一緒に生きたい人と、一緒に生きてるだけ。それでいいんだと思います。

私はかつて、「女なら、男と恋愛→結婚→妊娠→出産→子育てをしなきゃいけない」っていう価値観を信じていました。したくもないことを一生懸命信じていたのは、自分自身を信じられなかったことの裏返しでした。めちゃくちゃ苦しかったけど、何が苦しいのかさえわからず、心理カウンセラーの前でも嘘の悩みをでっちあげたりしてきました。

投稿者のように「自分が何をしたいのかわかる」というのは、自分を信じられるようになってきたことの証しですよ。

だから、どうか自分を信じてください。人が人と生きるために必要なのは、恋愛じゃない。信頼です。誰かと生きるためだけじゃなく、自分自身と生きるためにも、ね。

職場の飲み会がいやすぎて吐きそうです

突然ですが、発表します。

【大して仲良くもない人たちが集まる飲み会で無理やり距離を縮めようとするときに挙げられがちな話題ランキング】

●三位　地元や方言の話：例「やっぱ実家にタコ焼き器あるの（笑）？」「えびふりゃ〜って言ってみてよ〜！」

●二位　都市伝説や怖い話：例「こういう店のナゲットはピンクスライム肉だよ」「友達が廃校にいってさぁ……」

●一位　恋愛や性の話：例「彼氏いるの？」「えっ、ヘソって性感帯だよね普通⁉」

あ、ちなみにこれ、ベストじゃなくてワースト3です（当社比）。

こういう場で「彼氏いるの？」「超早い人と超遅い人だったらどっちがいい？」などと自分を含む女全員に（大した興味もないだろうに）質問され、万が一「あっ、べつにどうでもいいっす私は女が好きなんで」とでも答えようもんなら「ギャー！　レズだー!!」みたいになる、その叫び声がうるさいせいで本当に仲良くなりたいあの子の思い出の町の名前が聞き取れない。そういううるせえ飲み会マジでお互い人生の無駄って思ったのもあって、私は大学を辞めて文筆家になり、ただいまそういううるせえ飲み会についての原稿を書いているわけですが、世の中、どうしても飲み会不可避の環境ってありますよね。

本当は何事も、「いやならやらない」がいちばんシンプルでストレスフリーなんでしょう。けれど、そうも言ってられない場面があります。だからといっていやなものをいやなままやってしまうと、いやな伝統が次世代に継承されてしまう。さて、どうしましょう。紹介するのは、女性と交際しているのに男性が恋愛対象と決め付けられ、「職場の飲み会がいやすぎて吐きそう」という方からの投稿です。

職場の飲み会がいやすぎて吐きそうです。

「彼氏いるの？」と言われ、「付き合ってる人います」と言うと、そこから尋問が始まりました。「何歳？」「どこで知り合ったの？」「なんの職業？」と、ここまでは「プライベートにずかずかと入ってくるなよ」と思いつつ答えてました。

しかし、「彼氏の名前は？」と聞かれ、「頭文字は？」などと詮索が始まったときから、胸が苦しくなりました。

私は彼女の名前が大好きです。

彼女のかわいい名前が、大好きです。

それなのに、候補の名前に挙がるのは、すべて基本的に男性につけられる名前ばかり。「〜です♡」って堂々と言えない自分自身にも悔しかった。あれじゃないか、これじゃないかと男性の名前が挙げられるたびに、大好きな彼女の、大好きな名前を侮辱されているようで、つらかったです。

きわめつきは、「早めに結婚したほうがいいよ!」です。そりゃもちろん、早く彼女と結婚したいです。でも、この職場の人たちは絶対に呼びたくないと思ってしまいました。自分以外にも苦しい思いをしている人たちのためにも、放置しないでなんとか変えていきたいのですが、どうしたらよいでしょうか。

（投稿を全文そのまま掲載しました。）

ハハッ!（ミッキーの声で）
やばいですねその飲み会。すごい。私、行ってないのに帰りたいもん。何がやばいっておそらく、その「彼氏いるの?」とか質問しているその人たち自身も大してそれについて興味がなさそうだというところがやばいです。なんていうか、一から十まで「普通、そういうものだから」で進んでいて、自分の頭をいっさい使っていない会話ですよね。

・普通、女性は男性を恋愛対象とするものだから。
・普通、飲み会は「彼氏いるの？」みたいなフランクな話題もOKな場だから。
・普通、人間は早めに結婚したほうが幸せなものだから。

「普通そういうものなんだ」で終わっていて進む気がなく、「あなたはどうなんですか？　私はこうなんですけど」という対話の基本にさえいたっていない。進む気がない状態で酒を飲み頭が回らなくなり声がでかくなるので、さらに対話が成り立たない。地獄。ああ、地獄。「いやすぎて吐きそうです」とのことですが、抱え込まず言葉にして吐き出してくださってよかった。私ならまず行かないですね。

こういう「職場の飲み会に行かない」とか「職場の付き合いに休日出勤代を請求する」みたいなカルチャー、ゆとり世代に対する悪口としてよく言われますが、私は心から誇りに思っています。いやなうえに給料が出ないことはやらない。ギャーギャー騒ぐだけの飲み会に行かない程度で揺らぐ絆ならば、そもそも信じない。「みんなやってる」「普通そういうもの」で思考停止するくらいなら、私はもっと別のやり方で絆を深めて結果を出す方法を考えますね、私にはせっかく脳みそが入っているので。

ゲームに例えるならば、「全員戦士で力押し」みたいなチーム戦が旧来の戦い方だったと思うんですよ。みんな同じ戦士だと思っている。だから「彼氏いるの～？」とかなんとか言って、誰に対しても同じメソッドで距離を詰めようとしてしまう。
でもいまは、向かうべき課題ももっと複雑化しているので。「戦士・魔術師・僧侶・遊び人」みたいな、それぞれがそれぞれの戦い方で同じ課題に向かうパーティー戦にしないと、全体魔法一撃で全滅しちゃう危険がありますよね。チーム戦の時代からパーティー戦の時代への過渡期にあるいま、旧来のチーム戦的な地獄飲み会をどう乗り切ればいいか。私の答えは「行かない」でしたけど、そうも言ってられない場合はこのへんもありかなと思っています。

【職場の飲み会でプライベートを詮索されるのがいやなときの乗り切り方】

①きっぱりいやだと言う。
「職場ではプライベートの話はしない主義なので」「大切にお付き合いしている人なので、ご報告できる段階になってからお話ししたいと思います」
②そのまま打ち返す。
「そんなこと言って〜、まずは自分から話したらいいじゃないですか〜」「○○さんはどうなんですか?」
③お前どうせそんなこと興味ないんだろ、ということを指摘する。
「やっだ〜、そんなこと聞いてどうするんですか〜(笑)」「そんなのどうでもいいじゃないですか〜。あっ、それより○○の話なんですけど……」

この①②③を全部やってもしつこいようなら、私は淡々と証拠をとっておいて、しかるべきところに提出しますね。飲み会の場をなんでも許される場だと勘違いしちゃうことは、その人自身の不幸にもつながることなので、本人に直接いやだと言って通じないならば、通じる伝え方をするしかない。

投稿者は「自分以外にも苦しい思いをしている人たちのためにも、放置しないでなんとか変えていきたい」とおっしゃいます。この繰り返しで世の中は進歩していくのだと思います。ゆっくりでいいから、進めていきましょうね。いやだと思ったことは、いやなまま放置すれば負の遺産ですが、改善点に気づけたと思えば、財産です。

女同士のカップルに「マジで?3Pしよう」って言っちゃう人多すぎ問題

さっきから考えてるんですけど、女同士のカップルに向かって「挟まりたい」とか言ってはばからない人、アレにつけるうまいあだ名はありませんかね?

べつにいいんですよ。挟まりたいと思うことは個人の自由です。でも、面と向かって「挟まりたい」って言えるあの神経はなんなんですかね。具のつもりなんですかね。あっ、でも具だと、間に挟まることでおいしくなっちゃいますね。ダメだな。挟まりたいっていうのは、書き出しなのでマイルドな表現を使っていますけど、実際にはもうちょっとエグめの言い方をされることも多々あります。一年以上前の投稿ですが、そんな経験を話してくれた方がいたので紹介しますね。

まきむぅさん。気持ちを吐いてしまいたいけどうまく行き場が見つからなくて、このメールを書いています。ある男の人に、女の人が好きだと言ったら、彼女ができたら複数でしようと言われまして、すごく虚しい気持ちになりました。女をやめたくなりました。まきむぅさんも、こんな経験はありますか？　葛藤はいつでも私の生きる糧になってきたので、この気持ちを忘れずにおこうと思います。それにしてもせつないです。（投稿をそのまま掲載しました。）

もげよ！　如意棒！！！！

いやもう、本当にもげ落ちていただきたい。なんなんですかね、アレは。女が女を好きだと言っただけで「エロい話」と思い込み、「これはエロいこと言っていい対象」扱いしてくるあの感じっていうのは。

私にも、手をつないでのデート中に「交ざっていい？　交ざっていい？」ってしつこくやらしく言われたことがあります。停車中の車から声をかけられたんですけど、もうね、恐怖でしたよね。で、この話すると「自慢かよ」「声かけられるだけありがたく思えよ」とか言われるの。なんで「女は男に性的な目的で声かけられることをありがたく思うはずだ」前提なんですかね。うんざりします。投稿者は「葛藤はいつでも私の生きる糧になってきた」とおっしゃっていますけど、そういうふうに昇華していくことなのかしらね。

私の身の回り調べですけど、けっこう、女同士のカップルに挟まりたい（性的な意味で）っていうことを面と向かって言ってくる人は珍しくないみたいです。タチの悪いやつだと、むしろ、参加してあげるからね？　うれしいでしょ？　くらいの言い方をしてくる。

「やっぱり、最後は男のモノがないと満足できないでしょ？　君たちは女なんだから。えっ、違うの？　まだ知らないいんだね。教えてあげようか？」

できるだけ早いうちに自分の失言を恥じて枕に顔をうずめて足をバタバタできるくらい成長してほしいなと願うばかりですが、投稿者もちょっとそれに近いようなことを言われたみたいですね。

その後に「男性器が生理的に無理なのです」と言ったら「たいへんだね」と言われました。あんまりたいへんじゃありません（笑）。どうやったら伝わるのでしょうか。

（一部編集して掲載しました。）

いや、もうね……。

……はぁ。

なんかもう、その男子に対してはね、「自分のちんちんに自信を持つために他人を道具にすることはないのよ？　大丈夫よ？　もっと自由になって？」って思います。たぶん、何を言ってもあんまり伝わらないだろうなぁと私は諦めてしまいますけどね。ただ、できるだけ関わらないようにしながら、遠くからその人の成長を願い、つらくなったら脳内で面白いあだ名をつけるばかりです。「ちんちんぶんぶん丸」くらいでどうでしょうかね（投げやり）。

ちなみに英語のレズビアン用語では、「女が好きだって言う女も、結局は俺様のモノを味わえば気持ちよくなるはずだ」と信じてはばからない人をこう呼びます。

「ゴールデンペニス」

輝いてる～♡

全国津々浦々のゴールデンペニスのみなさんが、本当の意味で輝き出せることを願ってやみません。私はもう、「マジで？　3Pしよう」みたいなアレに、笑ってあげることさえやめました。面白くもないのに笑ってあげることは、傷ついているのに許しているふりをすることは、相手を勘違いさせ、成長を止めてしまうからです。

もちろん、「女同士のカップルに挟まれるシチュエーションじゃないと性的に興奮できない」という方を悪と断じるつもりはまったくないんですよ。ここで私が言っているのは、投稿者に変なことを言ってきた男性のように、「相手が女を好きな女だというだけでエロいこと言っていいと勘違いしちゃう人」についてです。性的欲望の形は様々であり、それで気持ちよくなれるなら何を考えてオナニーしたっていいじゃん、どんな性的欲望を持とうがなんにも罪悪感持つことないじゃん、と私は考えています。が、それをオナニーにとどめず何か自分以外の対象にぶつけてしまうことは話が別です。相手を、相手の同意なくして性的欲望のための道具にしてしまうことは、その相手が誰であろうと、暴力です。

「必要ないし、むしろじゃまです。愛する彼女のことを全身全霊で感じたいので」

これくらいはっきり言えたらすっきりするんだろうけど、変にムキになられてもいやだし危ないしね。ただ、何を言われようと、自分が女だから悪いんだとか、自分が異性愛者じゃないから悪いんだとか、自分に刃を向けて苦しむことだけはないようにと思っています。

だって、女性器なしじゃ立てない相手に、男性器なしでも自立できる女が付き合ってやる義理はないんだもん。

3

考えたこと

六歳児「お姉さんも早く結婚して赤ちゃん産めるといいね！」

子どももできないのになんで結婚したのって、たまに言われることがある。

私は、二十九歳の女性だ。たぶん、妊娠・出産能力があると思う――使ったことはないが。そして、たぶんだけど、今後の人生で妊娠・出産をしようと試みることもないと思う。個人的に私は、子どもを作ることよりも、すでに生まれている子どもたちが死にたくならない世の中にすることのほうに自分の人生を懸けているからだ。この二つを両立する人もいるが、その人はその人、私は私である。それに、私が愛し、一緒に生きたいと思った人は、女性だ。同性同士なので、性交渉を通じて子どもができることはない。

それを承知で私は、私が愛する人と結婚した。もう少し正確に言えば、性別不問で結婚制度を使えるようになった二〇一三年フランスの法律にのっとって結婚制度を利用した。そうしなければ、日本国籍者である私は、私が愛し、一緒に生きたいと思ったフランス国籍の女性と、離れ離れにされてしまうからだ。一度ビザ切れで日本に帰されたとき、「こんなことはもうたくさんだ」と思った。それで、結婚制度を使った。

というわけで子どもを産まないのだが、私は、子育てをお手伝いしている。きっかけは、フランスで暮らしていた頃のことだった。日本人を親としてフランスに生まれた子どもたちに、日本語で関わり、日本語の絵本を読み聞かせ、日本の歌を一緒に歌い伝統行事を一緒にやって、日本ってものをちょっとでも感じてもらうお手伝いを始めたのだ。それ以降、子どもたちに、親でも先生でもない立場から関わることを続けている。そういうなかで、こんな出来事があった。

「お姉さんも早く結婚して赤ちゃん産めるといいね！」

ニッコニコで言われた。六歳児に。

六歳児に悪気はまったくないけれど。

その子は、ママがとっても大好きな子だった。だからかつて、大好きなママが妊娠して自分以外に赤ちゃんを産むことがわかったとき、激しくやきもちを焼いていた。だけれどもママの出産後は、人が変わったようにハッピー全開になり、こんなことを語った。〝赤ちゃんを産んだママはかっこよかった。それにパパと赤ちゃんと一緒でママは幸せそうだ。自分はママのようになりたいし、結婚して赤ちゃんを産むのはとってもとっても幸せなことだ〟

そう長々と語った後で、その子は私にこう言ったのだ。

「お姉さんも早く結婚して赤ちゃん産めるといいね！」

私は、とっさにあたりを見回した。反応に困ってしまったのだ。六歳児に悪気はまったくないが、

「誰もみな結婚・出産を望んでいる」とか「誰もみな出産可能だ」というのは誤った思い込みである。だから、訂正すべき事項であるように私には思えた。が、自信がなかった。

「言っていいですよね？」

キョロキョロした。無意識に、私は味方を求めたのかもしれない。だが周りには、ほとんど人がいなかった。そばにいた大人（と思しき人）は、近くにあったトイレにサササッと入ってしまった。その場には私と、ニッコニコの六歳児しかいなくなった。

私は屈み込み、六歳児と目を合わせた。ニッコニコの六歳児と、口を真一文字に結んだ私（29）が向かい合う形になった。

こちらが、その際の会話である。

「お姉さんは、結婚しているのよ」

「ほんと？　赤ちゃんはいつ？」

「生まれないのよ。お姉さんは女で、女を好きになったの」

「女と女でも結婚できるの？」

「いまの日本では、認められないね。でも、誰に「認めないぞ」と言われたって、それでも「結婚しました」っていう届け出を出す人や、結婚式を挙げる人はいるんだよ。性別関係なくね」

「でも、赤ちゃんができないのに、なんで結婚するの？」

「結婚は、赤ちゃんを産んで育てるためだけのものじゃないからよ」

「そうなの？」

「うん。結婚しないで赤ちゃんを産む人もいるし、結婚しても赤ちゃんを産まない人もいるよ。それがいいとか悪いとか、いろいろ言う人も世の中にはいるね。けど、少なくとも日本では、民法っていうルールにも憲法っていうルールにも、「結婚したら赤ちゃんを産みましょうね」だなんて、ぜんぜん書いていないんだ」

「結婚と、赤ちゃんは、違うことなの？」

「違うことよ」

そこまで聞くと、ニッコニコだった六歳児は、ちょっとしょんぼりした顔をした。

「じゃあお姉さんは、結婚しても、赤ちゃんができないんだ。かわいそうだね」

それはイヤミではなく、本音であるようだった。「自分のママが赤ちゃんを産んで幸せ、なのにこのお姉さんはその幸せを味わえなくてかわいそう」という思考回路なのだろう。私は、こう答えた。

私は私をかわいそうだとは思わないよ。

「私をかわいそうだと言う人もいるよ。でも、私は私をかわいそうだとは思わないよ」

「どうして？」

「それには、二つ理由があるかな。一つ目は、赤ちゃんはできないとわかっていても好きな人と生きたいって思うことが、誰かに無理やりやらされたことじゃなくて、私自身が選んだことだから。そしてもう一つは、自分が産んだわけではない子どもを育てる大人の人も、世の中にはたくさんいるし、私もその一人だと思うからよ」

「そうなの!?」

「うん。世の中には例えば、パパもママも死んじゃったとかいうことで、自分を産んだわけではない大人の人と一緒に育つ子どももいるでしょう」

「かわいそう」

「誰かにかわいそうだと思われても、それは、その人が自分をかわいそうだと思う理由にならないのよ。パパとママ、パパとパパ、おばあちゃん一人、子どもたちだけ、世界には、いろんな家族のなかで育つ子どもがいるの。それを、いいとか悪いとか、幸せだとかかわいそうだとか、いろいろ言う人もいるよ。でも、誰になんと言われてもね、その人たちは、そうやって、生きてるんだよ」

六歳児は、納得がいかない顔をしていた。

「お姉さん、赤ちゃんを産みたくなったら、どうするの！」

私は答えた。

「自分が会う人みんなのことを、自分の赤ちゃんと同じくらい、大切に大切にするかな。あなたのことも、大切よ」

まだ六歳児が不満げなので、私はこうも付け加えた。

「私はやらないけど、どうしても産みたい！ってときには、男の人から、赤ちゃんの素だけもらってくる女の人もいるよ。せいし、っていうの……習った？」

そのへんで、トイレに入っていった大人が出てきた。私は、なぜかビクッとした。でも嘘はついてないしって思って、あらためて胸を張った。

六歳児もまた、得意げな顔で胸を張り、こう言った。

「せいし、知ってる～!!」

今度ビクッとしたのは、トイレから出てきた大人のほうだった。

産まないが、殺させてたまるか。

……いまでも、あれでよかったのか自信がない。子どもとの向き合い方に正解がないのは、すなわち、人と人との向き合い方に正解がないからだと思う。

私みたいな大人をいやがる大人もいるだろう。「うちの子になんてこと！」って、子どもの目を覆い、耳をふさぎ、私みたいな大人を追い払う大人もいるだろう。

でも。

私は、私が子どもだった頃、私みたいな大人に出会いたかった。

子どもの目を覆い耳をふさいでも、世界はそこにある。

私は、目を覆われたくなかった。耳をふさがれたくなかった。私のようなお姉さんと出会いたかった。たった一言、たった一言でいい、「あなたはあなたたよ」って、「あなたが女の子だからって、結婚すること、赤ちゃんを産むことばかり目指さなくていいのよ」って言ってくれたお姉さんがいたなら、私は、望まないセックスをしなかっただろう。初恋の女の子のこと、あんなに大好きだった気持ちを、無理やりに抑え付けて忘れようとするあまり、あの子からの手紙を捨ててしまうこともなかったのだろう。

私を産んでくれたのは、結婚して産む選択をした女性だ。そのおかげで私の命がある。

そして、私を生かしてくれたのは、女性を……っていうか、人間を、結婚して産むという役割の強制から解放してくれた先人たちだ。そのおかげで私の命が続いている。

だから、殺させてたまるか、と思う。産まないが、殺させてたまるか、と思う。

男と女で結婚して子どもを産むことだけが正解だと叫び、そこに当てはまらない人に石を投げる大人を見て、学校でも、いわゆるLGBTsの子どもに対するいじめがなくならない。そういうなかで絶望する児童・生徒・学生を、殺させてたまるか、と思うのだ。

ニッコニコの六歳児は、ママとパパと赤ちゃんがいるお家に帰っていった。あの子はこれから、どんな人たちに出会い、どんなふうに生きていくのだろうか。そのなかに、あの子と同じ子は一人もいない。あの子は、この世に一人しかいない。そんな奇跡のような当たり前を思うと、私は、誰もかもが愛おしいような気持ちになるのだった。そして、そういうふうに思えて書けるところまで生き抜いた自分自身のことも、いまとなっては、愛おしいような気持ちになるのだった。いままでは、あんなに自己否定してきたけれど。

ぱたぱたと走っていく六歳児のその後ろ姿に、なんだか、子どもだった頃の私自身も重なって見えるような気がした。

［補足］子どものプライバシー保護のため、子どもの年齢と家族構成については、事実とは違うことを書いています。会話内容は事実ですが、会話がおこなわれた場所や時期は伏せています。また、こうした活動は、牧村朝子名義ではおこなっていないことも申し添えておきます。

マンハッタンのレズビアンクラブで

「私の未来はマンハッタンか偽装結婚しかない」

そう思い、十歳の私はお風呂で泣いていた。

初恋の相手は同性だった。あんなにすばらしい女の子が世界にはいるんだ、そう思うだけで何もかもきらきらして見えるような恋だった。けれど、その恋を口にした途端、クラスメートは私を避けた。自分で自分がいやになって泣いた。お風呂に響いてしまわないように、声を殺して。

異性が好きなフリをし続ければ、私には一応、幸せな家庭ってやつを築ける可能性が手に入るんだろう。「あーあ、明日目覚めたら彼が女の子になってないかしら！」なんて、雄々しいにおいを放つ夫の枕カバーを洗濯しながら思うのかもしれないけど。

でも、同性が好きだと言ってしまえば、私はマンハッタンのレズビアンクラブに追いやられるほかないんだ。なんだかそう思えて仕方なかった。何の根拠もなかったけれど、なぜか「レズビアン＝マンハッタン」という強烈なイメージが頭にあった。

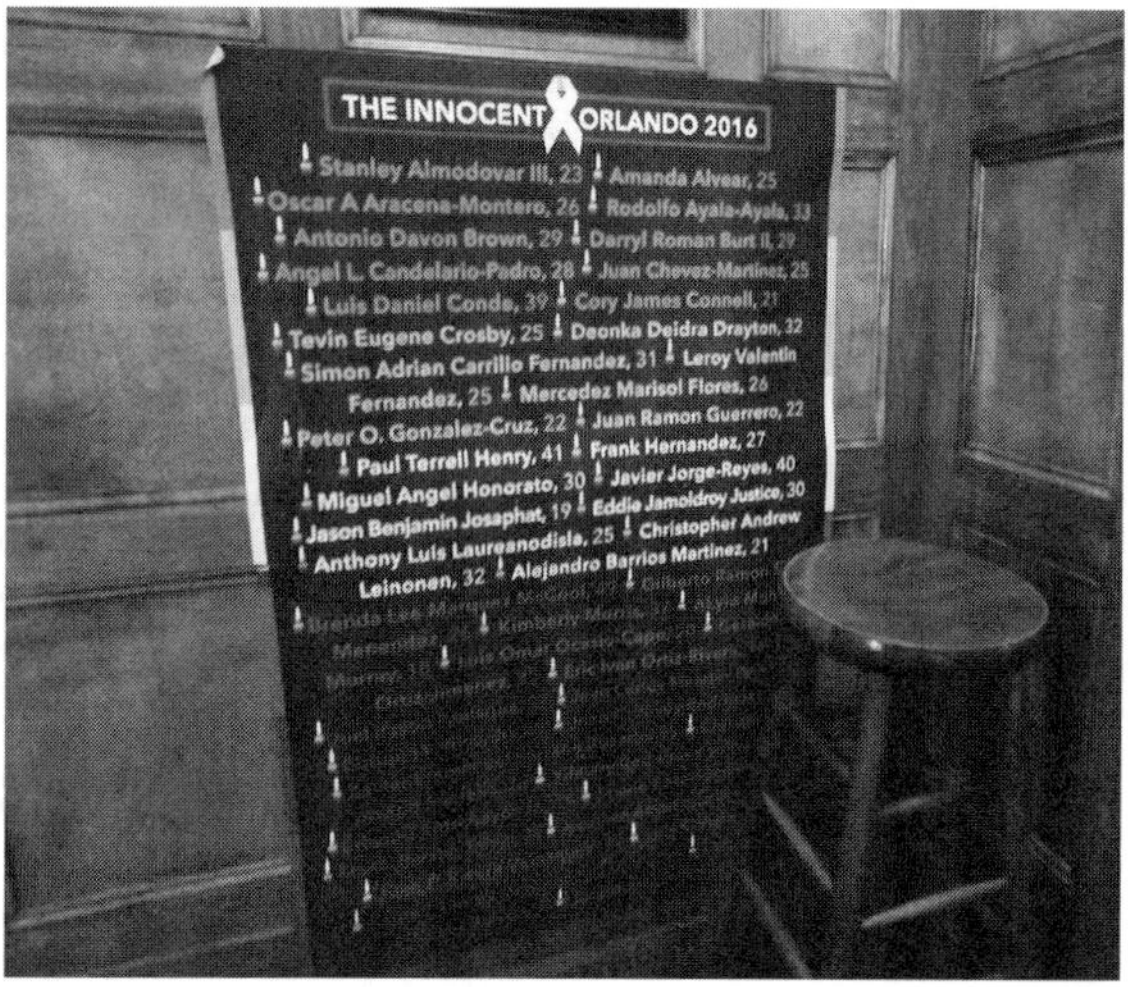

オーランドの銃乱射事件の追悼

まともな職に就けるはずがない。ストリートにぽっかり口を開ける暗い階段を下り、裸の女が吊られた地下のレズビアンバーで、レザーブーツのジャンキーがこぼしたビールをくさいモップで拭く仕事をしながら生きていくほかないんだ。それが、十歳の私が見ていた悪夢のなかのマンハッタンだった。

だからこそ、二十九歳になって、私は実際のマンハッタンを自分の足で訪れることにした。大人になった私はLGBT史についての本を書いていて、マンハッタンがLGBT史ではずせない場所であることを後から知ったのだ。二〇一六年七月はじめのことだった。忘れてしまわないうちに、あなたに向けて書きたいと思う。あの夜のことを。

街は、オーランドの銃乱射事件を追悼する虹色の旗であふれていた。二〇一六年六月十二日にフロリダ州オーランドのゲイクラブで銃乱射事件があった。四十九人が亡くなった。実行犯一人も射殺された。

亡くなったのはいわゆるゲイだけではなかった。家族旅行でフロリダにきていた十八歳の女の子や、二度もガンに打ち勝ったのち息子をかばって撃たれた四十九歳の女性もいた（参考：ＣＮＮ、*DailyMail*）。そうした一人ひとりの名前を、オーランドから千七百八キロ離れたマンハッタンの街は虹色の文字で追悼していた。

マンハッタンの対応から、二つの意思が伝わってくる。一つは、ゲイがゲイバーに追いやられゲイじゃない人から隠れなくちゃならない時代に終止符を打とうということ。そしてもう一つは、ゲイクラブで死んだ人間のこともちゃんと追悼するくらいの人間性を持とうということだ。

ここにたどり着くまで、アメリカはあまりにも多くの犠牲を出した。一九七三年のニューオーリンズでは、ゲイバーが放火され三十二人が亡くなった。彼らの遺体は教会に拒否され、一部は〝ゲイだったならばうちの子じゃない〟と家族にさえ無視され、名前も不確かなままバッグに入れられ埋められて笑いのネタにされた。「ニューオーリンズの悲劇を知ってるかい？　クソホモどもがたった三十二人しか死ななかったことだよ！」（参考：*PinkNews*）

マンハッタンでも、いわゆるＬＧＢＴの味方をしてくれたほとんど唯一の存在だったといっていい女優のジュディ・ガーランドが亡くなり、その死を悼んでいたゲイバーに警察が踏み込んだ。一九六九年だった。不当捜査に抵抗したゲイバーの客たちのことを、翌日の新聞はこんなふうにバカにしている。「ホモの巣がつつかれた！　ブチ切れ女王蜂、ブッ刺しまくり！」（参考：*Daily Kos*）

そうした歴史についての取材の合間、私は友達の元に急いでいた。

ニューヨークで女優・ＤＪをしている、Tsubee という女の子だ。友達の紹介で知り合って、会

Tsubee

えるのは数年ぶりのことだった。

待ち合わせはコリアンタウンだ。彼女には韓国系アメリカ人女性のパートナーがいて、もうすぐ結婚式を控えていた。韓国料理の店に案内してくれて、私には読めない韓国語のドリンクを「あっ、それおいしいよ！」と教えてくれた彼女に、なんていうか、ああ、ほんとに愛する人と出会ったんだなぁ、と思った。

「イベントいってみる？」

私がマンハッタンのＬＧＢＴ史を取材していると聞くと、スマートフォンでちゃちゃっと調べ、Tsubeeはレズビアンイベントに私を連れ出してくれた。入り口にいっぱい虹の旗がぶら下がっていた。私は私の前を歩いてくれたTsubeeについて階段を下りた。後ろから追いやられるように降りていくことを、十歳の私は恐れていたのに。

地下室への階段は、子どものときに想像していたよりもずっと明るかった。

そこは、べつに、レズビアンだけが集う場所ではなかった。人種、性別、セクシュアリティにかかわらず、いろんな人たちが同じ音楽で踊っていた。

ノリのいいTsubeeが踊り始めると、金髪をポニーテールにした女の子が近寄ってきて踊りに加わった。それにまたボーイッシュな女の子がついてきて、あからさまなため息をつき、視線をそらした。

「嫉妬しなくっても大丈夫よ」。私は短い金髪をツンツンさせたその子に耳打ちしようとした。でも彼女は完全にTsubeeに妬いていて、Tsubeeの友達である私のことまで憎いらしく、くるりと背を向けてしまった。近くで男女カップル（に見える人たち）が盛大にラブラブしていた。音楽が変わり、みんな気持ちよさそうに歌い始める。

ポニーテールの女の子いわく、二人は「ただのルームメイト」なのだという。でもボーイッシュな子がポニーテールの子を「ただのルームメイト」だなんて思っていないことは、彼女の態度を見れば明らかだった。

ついにボーイッシュな子が耐えられなくなった。

ポニーテールの子に「帰るよ！」と言い、ボーイッシュな子はTsubeeと私に一瞥をくれた。Tsubeeと私は二人それぞれに挨拶のハグをした。その瞬間、Tsubeeがボーイッシュな子に何か耳打ちしたのが見えた。

「なんて言ったの」

二人が帰ってから、私はTsubeeにそう聞いた。彼女はドリンクを一口飲むと、いたずらっ子みたいに笑ってこう言った。

「あのね、「ポニーテールの彼女が好きなんでしょ？」って！　そしたら、「……うん」って！　だからね、「あなたもすてきだし、きっといいカップルになれると思うよ」って言っといた！」

私は笑った。なのに涙が出た。「何泣いてんの！」とTsubeeは笑って私にお酒を勧めた。シュワシュワするなにがしかのカクテルを飲み込んで、私は、こう思った。

ちゃんと会いにきてよかった。

この優しい友達のことも、あのかわいい二人のことも、十歳の私はマンハッタンの地下にいる誰もかものことを、〝レズビアンっていう生き物〟だと恐れていたのだ。箱に入れてふたをし、レズビアンというラベルを貼って。そのなかに押し込んだ誰一人とも――あのとき、彼女を好きになった十歳の私自身とも――対話しようとすることなしに。

そのことを考えながら、私は浴槽につかっている。ひざを抱えている。隠さずに泣けるだけの強さを私は身につけたつもりだ。ひとしきり泣いたら、顔を洗おう。きれいになろう。

それから、

それから、

会いにいこう。

大事な友達が性暴力被害に遭っていたので

長年の友達が実は、過去に性暴力被害に遭っていたことを知った。

どういう流れでその話になったのか、怒りで記憶が吹っ飛んでしまった。被害の詳細は書かないけれども、彼女が受けたのは、日本語で「痴漢」と呼ばれる性暴力である。

被害について語る彼女は、「そういえばこんなことがあったんだよね〜」くらいのノリだった。悲しみも恐怖もにじませることなく、例えるなら「子どものときに一輪車でコケて泣いた」みたいな、完全に過去として消化しきった話し方を彼女はしていた。だから私は調子を合わせようとした。

けれどもやっぱりどうしても、私はそのクソ野郎をタコ殴りにする想像をしなければ気持ちが収まらなかった。想像のなかで私は、あおむけに寝かせたそいつの腹の上を、エグいスパイクがついた靴でぴょんぴょん跳びはねながら歌った。

実際には無理だろう。いかに性暴力加害者とはいえ、タコ殴りにしたならこの法治国家日本では処罰されるのだと思う。それに私はエグいスパイクがついた靴なんか持ってないし買う気もないし、そもそも私の肉体と精神では成人男性一人をタコ殴りにするなんて基本的に無理だ。無理なんだけれども——だからこそ私は、想像の世界でそいつの腹の上をぴょんぴょんしなければ私を守れなかったのだろうと思うのだ。実際にタコ殴りする力を、私という人間が持たないからこそ。また、そいつをタコ殴りにしたからといって、根本的な痛みが癒えることはないと私が知っているからこそ。

だからこそ。

「そいつ、殴りたくね？」

およそ女性に期待される言葉遣いではない言い方で、私は友達に言った。

「そのクソ野郎がのうのうと私の大事な友達を触り逃げしたかと思うと本当に許せない。願わくはせめて自分の過ちに気づける程度の精神的成長を遂げたのち、自己嫌悪で苦しみ抜いて吐いてほしい」

友達は笑ってくれた。

「そいつの自宅のなかで、いちばん高級なものの上に吐いてほしい」

そう言いながらも私は、友達の笑い声に、この子は調子を合わせてくれただけなのかもしれないな、とさみしく思った。

帰り道に私たちは、声を合わせて歌を歌った。とってもハッピーでガーリーなその歌は、それは、私が想像の世界でクソ野郎の腹の上を跳びはねるときに歌っていた歌だった。

クソ野郎をぶちのめす腕力を持たない私の声は、どうしようもなく女だった。悔しいくらい女だった。エロゲで「悔しいけど感じちゃう」みたいなセリフを読んでいる声優と同じ性別に分類される女の声だった。でも、なんていうか、同じく女である友達の歌声が私の歌声に重なるのを聴きながら、「あ、強ぇな」と思った。エロゲに出演する女性声優には、出演料が支払われている。友達は知らない。私がその歌に合わせて、エグいスパイクがついた靴でクソ野郎の腹の上をハッピーに跳びはねていたのだということを。なのに一緒に歌ってもらってしまったことに、私は罪悪感を覚えた。だから、包み隠さず、ちゃんとしたエッセイに書くねと本人に話した。

性暴力を「痴漢」と呼ぶことは、私にとって、暴力を「いじめ」と呼ぶのと同じ種類の愚行であるように思える。

フランス語には、「痴漢」に相当する単語が存在しないらしい。公共交通機関での性暴力対策についてフランス政府が発行した資料の表紙には、「性差別的ハラスメントと性暴力に抗う国家プラン（Plan national de lutte contre le harcèlement sexiste et les violences sexuelles）」と書かれている。どんなものかと中身を見てみたが、「露出が多い格好は避けましょう」「夜間に女性一人で出歩くことは控えましょう」みたいな、被害者側の自由を制限することで加害行為を防ごうとする、〝女の子のほうが気をつけないからいけないんだぞ理論〟に基づく記述は見られなかったので安心した。では何が書いてあるかというと、例えばこんなことである。

「公共交通機関内で性差別的なメッセージが発されることがないよう、車内広告などでの表現を見直します」

「夜道を一人で長時間歩かなくてすむよう、夜間運行のバスを試験的に、乗客から要望があった場所で停止させることにします」

「交通各社の従業員における（男女比などの）多様性、および平等に取り組んでいます」
「公共交通機関内での緊急時に対応するダイヤルで、車内での性暴力についても対応しています」
そんなフランスを遠い空の向こうに想いながら、私は明日も東京の電車に揺られるのだろう。中吊り広告にはきっと、「巻頭グラビア★ドキドキ初脱ぎドキュメント！」みたいな文字が躍っている。私だって「巻頭グラビア★ドキドキ初脱ぎドキュメント！」みたいなやつは大好きだけれども、そんな広告がぷらんぷらん揺れている電車内で性暴力が「痴漢」と呼ばれるこの国では、ドキドキ初脱ぎドキュメントを全然楽しめないなあという気持ちにもなる。

こういうことを言うとすぐ、「じゃあ日本から出ていけ、フランスで暮らせ」みたいなことを言われるのも知っている。べつにそうしてもいいけど、そんなふうに「日本は俺らの国」って顔をされたからには公民の教科書の角で眉間をどついてから出ていきたいし、それに私一人日本から出ていったところで、癒されないのだ。この痛みは。継承されてしまうのだ。この負の遺産は。

エグいスパイクつきの靴でぴょんぴょんしたい衝動を、私は想像と文章の世界だけにとどめて今日も生きている。エグいスパイクつきの靴でぴょんぴょんしたところで、根本的な痛みは癒されないと知っているから私は今日も歩いている。書いている。エグいスパイクつきの靴でぴょんぴょんして自分だけすっきりするより、このほうがちゃんと伝わるだろうと期待しながら。

私は、人間だ。私には意思がある。

怒りでそのことを忘れそうになったら、もう一度歌おう。ちゃんと覚えていよう。あの日、女同士で声を合わせた、あの歌を。

私のまんこは私のものじゃなかった

今夜死ぬんだ、と、九歳の私は思った。

トイレにいったら、パンツが赤く染まっていた。その赤は、絵の具の赤ともクレヨンの赤とも違う、血の色の赤だった。びっくりして声が出なかった。おしりや内股にけがをしていないか探してみたけれど、どこも切れてはいなかった。

母親の顔が脳裏によぎった。「おパンツを洗濯機に入れる前には、自分でちょっと手洗いしてから入れてちょうだいよ」。いつもそう言う母に、こんな状態のパンツは見せられない。そう思って頭のなかでパンツを一生懸命手洗いしてみたけれど、想像のなかの血は石鹸水に溶けて赤く赤く広がっていくばかりだった。こんなの、洗い落とせない。

トイレットペーパーで股間を拭いてみたら、やっぱり血がついていた。血を止めようと、私は何度も何度もトイレットペーパーを取り換えながら股間を押さえ続けた。それでも血はずっと止まらなかった。この血がおしりの穴から出ているのか、おしっこの穴から出ているのか、それだけでも突き止めようと思ったけれど、見るのが怖くてうまくいかなかった。体が震え始めた。

このまま血が止まらなくて死ぬんだ、と私は思った。

私がこんなに重大な病気だと知ったら、家族はどう思うだろう。そんなことを考えている間に、ずいぶん長い時間がたっていた。これでは人に感づかれてしまう。私はとにかく、止まらない血をトイレットペーパーで押さえ、そのうえからパンツをはいて、何事もなかったような演技をしながらトイレを出た。

生温かく濡れていくトイレットペーパーの感触に、私はぞっとした。このままズボンに、床に、人から見えるところにまで血が染みてしまったらどうしよう。このことを黙っているのは、なんだかすごく悪いことのような気がした。私は家にいる大人一人ひとりの顔を思い出した。おじいちゃん。おばあちゃん。おかあさん。いったい誰に言えばいいんだろう。

どんどん重く濡れていくトイレットペーパーに、私は泣きだしたくなった。それでも平静を装いながら、またトイレに入った。重く赤黒くなった紙くずを捨て、二度も三度も水を流すと、私はぼんやりうつむいて、透明になった便器の水を眺めた。

たぶん、今夜死ぬんだ。

なんだかふっと楽な気持ちになって、私は、そのことを大人に話そうと思った。

ここで、私の記憶は途切れている。

次に覚えているのは、「おめでとう！　お赤飯を炊かなくちゃね!!」と言うおばあちゃんの顔だ。

おかあさんも「また大人になったのね」とかなんとか言って、うれしそうにしている。引き続き血は止まらなかった。おじいちゃんは呼ばれていなかった。何がなんだかわからなかった。

……というのが、私に初潮が起きた日のことだ。私に残っているのは、恐怖と、怒りだ。だらだら血を流す私を前に、やたらおめでとうとかなんとか言ってくる大人たちに対して、私は説明を要求した。「女の子はそういうものなのよ」みたいな答えしか返ってこなかった。

どことなく気まずい空気のなかで、直接の説明を避ける大人から私に手渡されたのは、「これから大人になる女の子たちへ☆思春期ガールズハンドブック」みたいな冊子だった。生理用品を作っている会社が無料配布しているらしいその冊子には、要するに「女の子には、おしっこの穴とうんちの穴の間に赤ちゃんを産むための穴が開いているんですよ」ということと「うちの生理用品をぜひ使ってくださいね」ということが書かれていた。聞いてねえよ、と思った。なんでそういうことを早く言わないんだ。

やっと生理の話をしてもらえたのは、小学校高学年になってからだった。「女子だけ視聴覚室に集まってください」と指示したのは、いつでも演技くさいのが特徴の先生だ。「驚くかもしれませんが、恥ずかしいことではないんですよ……」。そう声をひそめる先生の話し方が、何よりも私の体に起こったことを〝恥ずかしいこと〟扱いしているように思えた。それでも、その先生がわざとらしく声をひそめなければならないのは、その先生だけのせいではないような気もなんとなくしていた。

教室に帰り、先生がいなくなると、一部の男子が意地悪い顔で私たちを待ちかまえていた。そのなかの一人が、気の弱い女子から生理用品ポーチを奪う。教室がギャーギャー騒がしくなった。顔が熱く、頭が真っ白になった。本当に、本当に、本当に本当に何もかもがクソだと思った。

私のまんこは、私のものじゃなかったんだと思う。

私は、私にまんこがあるということさえ教えてもらえないまま初潮を迎えた。そこから血を流すようになってからでさえ、その穴には名前が与えられず、ただ「赤ちゃんを産むための穴」だなんていう、説明に見せかけた命令を負わされただけだった。

自分の体なのに、見たり触ったりしてはいけないように思えた。そこについて話すことさえ、ためらわなければならないような空気が流れていた。俺のものだ、とかなんとか言いだすやつもいた。タンポンとかビデとか、毎月の生理が楽になる道具をいろいろ知ってはいたけれど、〝大事な人のちんこ〟以外は何も入れちゃいけないような気にさせられていた。

もう、私のまんこを「赤ちゃんを産むための穴」だなんて呼ばせてたまるかと思う。いまの私が私のまんこに迎えているのはちんこではない。いまの私がそこに迎えているのは、生理を楽にするための月経カップであり、生理をとっとと終わらすための使い捨てビデであり、私自身の健康を保つための検診器具であり、私自身が気持ちよくなるための私の指であり、そして、何より、私が愛しともに生きる女性だ。

それでも、私の体は、どこか「まんこ」と「それ以外」に分断されている。ここをつなぎとめるために、どうしたらいいのかわからなくて、とにかく彼女の名前を呼ぶのだ。まんこ、まんこって。「まんこから血が出てつらいわー」って。そんなことを恥じらいもなく口にしちゃいけない、と人は言う。そんなことを言うやつがいるからあのときの私に死の恐怖が刻まれたんだ、と私は思う。

やたらファンシーな生理日予測アプリの、生理日カレンダーに表示されたハートの赤色に、私は毎月毎月、あのときの死の恐怖を見る。

私のまんこは、私のものじゃなかったんだ。

私のまんこは、どうしたら私の一部になってくれるんだろう？

ゲームは役に立たない、と思っている君へ

私はちゃんと覚えている。

十四歳の君は、今日も無駄な時間を過ごしてるなと思いながらラスボスを殺していた。

校則どおりにきちんと着たセーラー服を脱ぎ捨ててカバンを放り、君は帰宅直後に優等生モードをオフにする。座間の米軍基地のなかで買ったバカみたいにデカいエルモのTシャツを着て、バカみたいな顔だなエルモって、と思いながらクレアラシル洗顔フォームで顔を洗う。ニキビをつぶす。赤ニキビより黒ニキビをつぶすほうが好きだなと君は思う。

両親は働きに出ている。弟は部活の時間だ。君だけが帰宅している。麦茶を飲み、ベビースターラーメンを袋から口に注ぎ、あー、なんか金を稼ぎたいな！って思う。

けれども君は十四歳だ。

基本的に働けない。なのでいずれ社会人として立派に働く日に備え君は学ぶべきときにあるのだし、国民のみなさまが納付した税金をもとに公立学校で無償で提供された国語・数学・理科・社

会・英語などの教科書が君のカバンにはあるのだし、君はベビースターラーメンを食い終わったらたぶん勉強をしたほうがいいんだけど、やるべきことがはっきりしすぎていてなんか怖い。

右にしか走っていけない『スーパーマリオブラザーズ』みたいだ。

ぴょいん！、ぴょいーん！、とAボタンでジャンプすれば、ちょりーん！、ちょりちょりーん！、と金が手に入る。すごいね。でもアクションゲームは苦手だ。あまり考える時間をもらえないから。あと、走っていくべき方向が右と決められているから（一九九〇年代当時）。

そのことがなんか、怖いから。

セガサターンの電源を入れた。

ドゥウウ〜ン、ウウウウ〜ン、ウウウウ〜ン（キラリーン☆）と起動音がして、入れっぱなしになっているゲームのROMが読み込まれる。『バーチャファイター』とか『デイトナUSA』とかオタク色が薄いゲームばかりを家族が買うなか、君が人生ではじめて手に入れたアニメっぽい絵柄のRPG『LUNAR――シルバースターストーリー』である。

ラスボス直前でセーブしてあるデータを迷わずロードし、君はラスボスを殺しにかかる。「よーし、世界を救うぞ！」みたいな顔はべつにしない。なぜなら、慣れきっているからだ。

君はここ数十日間、毎日ラスボスを殺し続けている。

毎日、毎日、毎日、毎日。

絶対的な神に統治してもらったほうがいいんだ、的なことをラスボスは語る。

ラスボスであらせられるところの魔法皇帝様が、黒いマントに青白い顔で立っている。正味、彼はたった一人きりである。パイプオルガンの宗教的音楽が響いている。たった一人で立つ魔法皇帝様に、主人公たち五人が詰め寄る。

「なぜ　絶対的なだれかが　他の人を支配しなきゃならないって決めつけるんだ　特別な　だれかなんて　必要ないんだ！」

「ぼくらは　ぼくらの信じるもののために戦う！」

そんなふうに振る舞える自信がなくて、君はもう、ラスボスを殺すよりほかにない。

ラスボスを殺したら世界が平和になった。

幸せな音楽がファーって流れたのを聞き届けて、君は電源を切る。

音楽が終わる。

コントローラーにコードを巻き付けて君は、魔法が解けたように君が君であることに帰ってくる。しょうがない。君は結局、君が君であることに帰らざるをえない。

「雷よ！」って叫んでも、べつに手からサンダーボルトは出ない。つぶれたニキビ跡に癒しの祈りを捧げても、特に回復はしない。

君が信じられるものはまだ、ない。

君は思い出す。伝説の武具を集めたのも、竜の試練を乗り越えたのも、経験値を重ねてお金をカンストまで稼いだのも、世界を救った英雄として語り継がれることになるのも、かわいくて巨乳で歌がうまい幼なじみのヒロインとラブラブになるのも、みんなみんな君じゃない。勝ったのは君じゃないんだ。ゲームのなかの主人公のほうだ。

アブラゼミが鳴いていてうるさい。

それで君は役に立ちそうな本を読み始める。

もうテレビゲームとかに時間を使うのはやめるべきだ、と君は思う。『LUNAR』の小説版を引き出しの奥に隠し、学習デスクには学習デスクに並ぶにふさわしいと思われる本をひたすら並べていく。

『総合英語フォレスト』

『クロニクル世界全史』

『チャート式基礎と演習数学１＋Ａ』

『神奈川県公立高等学校過去入学試験問題集』

背表紙の文字に視線を滑らせて君は、またもや殺したくなる。ラスボスを。

大してよくはない模試の結果を折りたたみ、「その学力じゃあの高校は無理よ」「日頃がんばっておけばこんな成績にはならなかったでしょう」「身のほどを知れ」などと言ってきた人たちのその声を脳内再生しながら、君はヘコんでいる。ロード画面に映るゲームのプレイ時間を思ってヘコんでいる。

なんて役に立たないことに時間を使っちゃったんだろうって。役に立つことだけをしなければダメだって。役に立つことに時間を使い、自分もまた役に立つ人間にならなければ、私は、私は、いつまでも悲しくて、作り話の世界でラスボスを殺し続けるしかないんだ……って。

そういう君が生き永らえて、なんかなんとなく私になった。

二〇一六年である。もはやセガサターンは骨董品になり、女子高生が携帯電話のアンテナを髪でこする姿などは見られなくなった。

君が思ったとおりだ。私はいまだに作り話の世界でラスボスを殺し続ける大人になってしまった。役に立つこと――勉強から逃げたせいで、三次方程式の解の公式も先カンブリア代の地層の特徴もみんなみんな忘れてしまった。

おまけに、私はiPhone（という、いま君が持っているケータイと電子手帳とゲームボーイと親のデジカメを全部合わせたような未来の機械）に『LUNAR』をインストールしている。十四年たって外が変わっても、私はなかを変えていないんだ。どうしようもない大人だ。

この間なんかオタクが過ぎて、『LUNAR』のシナリオを書いた重馬敬さんのシナリオ講座に自分の仕事を放っていってしまった。もう君は、こんな大人になっている私の話なんか聞きたくないかもしれないけれど、もうちょっとだけ聞いてほしい。

さらに悲惨なことに、私は泣いてしまったのだ。「こうして制作者の方にお会いできたのはうれしいですけれど、ゲームに出てくる世界もキャラクターも、現実に存在しないじゃないですか？」。そこまで言いかけたところで、なんだか涙が抑えられなくなったのだ。

それを聞いて、原作者の重馬さんがなんて答えたと思う？

君の人生のちょっとしたネタバレになってしまうけれど、やっぱり言っちゃおう。こんなふうに答えたのだ。

「それでも、その物語を通して、あなたが少しでも強くなれたのなら、フィクションは現実を変えたんですよ」

君はまだ知らないだろう。君が十四年間やり続けたゲームを作った人の一人と会って、直接こんなふうに言ってもらったときのその気持ちを、その光景を、そういう未来が現実になった瞬間の感覚を。

だから、ねえ、ここまでおいで。ここまで生きておいで。いやになったら、いくらでもラスボスを殺せばいい。ファーってハッピーエンドになった世界を見届けて君は、やっぱり君であることに帰る。息をしている。

君は年を取り、エヴァンゲリオンに乗れない年齢になる。『LUNAR』の主人公たちはおろか、『ファイナルファンタジー7』のクラウドや、サザエさんの年齢まで追い越してしまう。それでも、私を生かすのは、君がラスボスを殺し続けるにいたった衝動だ。そして、その衝動を含めてすべてを受け止め続けてくれた、形なきフィクションの世界だ。

私は君が期待するような大人ではないかもしれない。もし君が、東京大学にもいってないし役職にも就いてないし豪邸も建ててない未来の私をいやならば、私が言ったこと全部を嘘だと思ってくれてもかまわない。

ただ、本当に伝えておきたいことだけを最後に書いて、この文章をおしまいにしよう。

それで生きられるんなら、べつに、それで正解なんじゃん。

役になんか、立たなさそうでも。

思い出のコンテンツ

●CDアルバム『Puppet Show』（Plastic Tree、一九九八年）

DA PUMPを好きだと言ったら友達ができた。同性への恋を押し殺しながら私は、転校先の小学校で、「女は女じゃなく男を好きじゃなきゃいけない」と、男らしいダンスグループDA PUMPのファンを公言していた。確かに彼らの音楽は好きだったけれど、でも、本当に好きだった女の子を「好きなんかじゃない」って自分に言い聞かせるために、彼女の声を思い出さないよう男の人の歌声で頭を満たすのは、なんだか、いっぱいいっぱいになってしまうようなことだった。試しにDA PUMPのメンバーを「かわいい」と言ったら、先生にこう教えられた。「大人の男の人のこと、あまり「かわいい」と言うもんじゃありませんよ」

Plastic TreeのCDを買ったのは、男なのか女なのかよくわからない見た目だったから。学校にうんざりして帰って、ベッドに横になって耳をヘッドホンでふさいで目も閉じて『Puppet Show』を再生した。男なのか女なのかよくわからないふわふわの歌声が、ガリガリと私を削るような激しいディストーションギターに乗っている。

　赤黒い口紅で彼は歌う。

「本当の気持ちじゃないなら　どんなこともう　しないでよ」（M6「ぬけがら」）

「本当の気持ち」がなんだったのか、そのときの私はもう忘れてしまっていた。でも、そのときの涙が、私に思い出させてくれたのだ。私にちゃんと「本当の気持ち」があったんだってことを。

●自伝『生かされて。』（イマキュレー・イリバギザ／スティーヴ・アーウィン、堤江実訳、ＰＨＰ研究所、二〇〇六年）

『Puppet Show』

　日本の「パリジェンヌ街角スナップ！」みたいなやつに撮られるのはたいてい白人だし、フランスのイメージイラストに描かれるのもたいてい白人だ。でも実際のパリにはアラブ街も日本街もコロンビア街もあるし、シャトールージュ地区はアフリカ街として知られている。服を十着しか持たない白人ばかりがフランス人じゃないのだ。いわゆる白人でない人の文化や歴史を知りたくて、パリの日本街の書店でこの本を求めた。

　思っていた本と全然違った。アフリカ系に見えるカバーの女性と『生かされて。』というタイトルから、アフリカの大自然の暮らし☆、みたいな本を想像したのだが、そうじゃなくてルワンダ

『生かされて。』

大虐殺を生き抜いた経験を語った本だった。隣人同士であるツチ族とフツ族が、なんか「鼻の幅で見分けられる！」とかいって無理やり違う存在みたいに言いふらされ、殺し合うよう扇動される。家族がナタで殺され、自分も殺されそうになるなか、著者が何をしたか。

語学を学んだのだ。明日にも殺されるかもしれない、という恐怖のなかにありながら。

人が完全に理解しあえることなんてないと思うが、理解を諦めたときから憎悪が始まる。諦めず学んだこの本の著者は、家族を惨殺したやつさえ赦せるほどの愛を勝ち得たのだ。言葉がわからないまま渡ったフランスで、「私は私の愛を勝ち取ろう」、そう思った。

●詩集『17歳のポケット』（山田かまち、集英社、一九九三年）

感性の葬式をしようと思った。二十歳の誕生日を迎えた私は、大人になった瞬間に自分のなかの何かが死んでしまったと強固に信じていた。『魔女の宅急便』で飛べなくなったキキのように、『となりのトトロ』で走るネコバスに気づけない大人たちのように、私は、成人したことで透明な何かを曇らせてしまったのだ、と思って、とてつもない喪失感のなかにいた。

親不孝だと思うけれど、私は、二十歳の誕生日をどうしても独りで過ごしたかった。私があれだけ憎んできた大人に私もなってしまうのかと思うと、なんか、洗脳に抗う異教徒みたいな気持ちになったのだ。独りになれる場所はどこだろう。考えに考えたが、どう考えても、群馬だった。

群馬はすごい。詩人だらけだ。たたきつけるような詩や絵を遺し、たった十七歳でエレキギターに感電して亡くなった山田かまちも群馬の人だ。私は群馬に着いてすぐ、山田かまち美術館に向かった。

かまちが誕生日に買ってもらった天体望遠鏡が、主を亡くしてなお、天窓を通して星空を見ていた。それを見て泣いていたら、館長の広瀬毅朗氏が、そっと声をかけてくださった。私が落ち着くまで話を聞いてくれて、どういう経緯で美術館を開くことになったのかも話してくださった。

『17歳のポケット』

大人も悪くないな、と思った。

詩集を買い、広瀬さんの話を裏表紙に書いた。「激しく、美しく、生きろ」――二十歳を迎える前に亡くなったかまちの詩の一節が、いまも私のなかで透き通っている。

●ロールプレイングゲーム『グランディア』（ゲームアーツ、一九九七年）

ロールプレイングゲームというのはすごくて、他のコンテンツと違い、選択を迫ってくる。例えば、小説の主人公は読者の意思と関係なく殺人を犯すし、映画の暗殺者も観る人の意思と関係なく大統領を殺すのだが、ゲームは違う。自分でボタンを押さないかぎり、そいつは殺せないのだ。

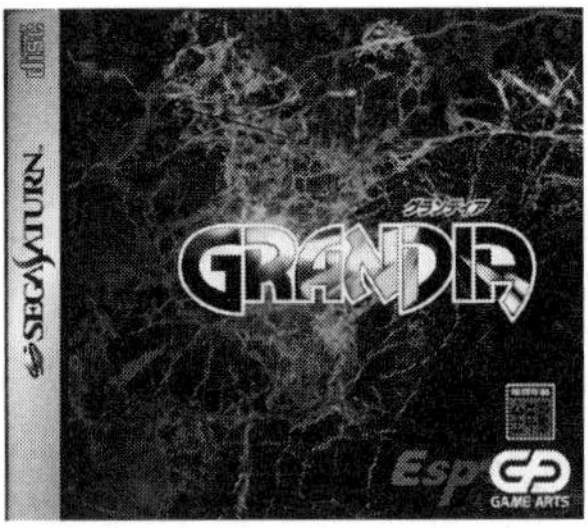

『グランディア』

でもなんか、いままでプレイしてきたゲームの大半は、自分の意思で冒険に出たわけではない「巻き込まれ型主人公」だった。例えば、村が襲われて住むところがなくなった。何でも屋が「やつを殺せ」と依頼された。そういうふうに何かに巻き込まれて旅に出る主人公が少なくないなか、『グランディア』の主人公は違った。「オレは冒険に出るんだ！」って息巻いている。そしてみんなにバカにされている。

何かを成し遂げようとする人を人はバカにしがちだ。たぶん、うらやましいんだと思う。いろんなことが波のように襲いかかり、いろんなことに巻き込まれて生きるなか、それでも自分の意思を貫けるという人は希少なのだ。『グランディア』のテーマ曲を聴くといまも、主人公と一緒に見た景色を思い出す。このゲームのキャッチコピーはこうだ。「忘れられない冒険になる」。魔王を殺す必殺技だけじゃない、右にいくか左にいくか、そういう一歩一歩をコントローラーのボタンで選択しながら踏みしめた冒険だったと思う。

●メディアミックス作品『MAZE☆爆熱時空』（あかほりさとる著・原作、一九九三年―）

中学時代、学校で、朝読書が奨励された。私は何かを強制されることが死ぬほど嫌いなので、どれだけ教師をナメた選書ができるかに心血を注いでいた。例えば、めっちゃ純文学感ある書名のエロ小説を読んだ記録に、私が嫌いな先生が「よくできました」スタンプを押したら私の勝ち。そういうことをやっている子どもだった。

連戦連勝だったので調子に乗って市立図書館で借りたのが、ややチャラいタイトルの小説版『MAZE☆爆熱時空』だった。カバーがやばい。笑顔の女子が笑顔の女子の乳をもんでいる、生で。しかも右の女子にはおちんちんも生えているし、左の女子は夜間だけ男子になるので「オネニーサマ」と呼ばれている。レズビアンも、男装の剣士も出てくる。

顔を上げれば「おホモだち」とか言って同性愛を笑いものにする教師や生徒がいる教室で、本のなかの世界だけが自由だった。すごく楽しかったし、興奮したし、勇気づけられたし、自分の性的な妄想を肯定できた。

本作に限らず、あかほりさとるの作品は、とにかくフリーダムにエッチだった。夢中で読みあさった。アニメ版も観たい、マンガ版も読みたいと思ったけど、実家なので無理だった。小説と違って、アニメやマンガは親にチラッと見られた時点で終わりだ。安全性が低すぎる。

『MAZE☆爆熱時空』にも、まんまと「よくできました」スタンプをもらった。でも、この作品のキャッチコピー「ちょっぴりエッチでエキサイティング！」を盗み見た男子が大声で叫びながら私の周りをくるくる回ってたのには閉口したなあ。

『MAZE☆爆熱時空』

理解できる範囲に押し込めて「理解した」って言うな

「子どもはわかりやすいねぇ～」

そう言う大人が、本当に子どものことを理解していたことなんか、ない。

子どもだった頃、私は、あやかちゃんと友達になりたかった。あやかちゃんは静かな子だった。細くて、弱くて、小さくて、いつも困ったような顔をしていた。だいたい、「……うん」としか言わなかった。だから、あやかちゃんの周りには、あやかちゃんに「……うん」と言ってもらいたい用事がある子ばかりが集まった。

「そのお菓子ちょうだいよ」

「……うん」

「おもちゃ貸してよ」

「……うん」

あやかちゃんの手には、いつもなんにも残らなかった。そうして全部をあげてしまって、あとはぽつんと立っている、細くて、弱くて、小さくて、「……うん」しか言わないあやかちゃん。彼女のことを周りの大人は、やっきになって守ろうとした。次第に、「あやかちゃんに近づく子どもはみんな、あやかちゃんから何か奪いたい子なのだ」と決め付ける大人も出てきた。

私は、あやかちゃんに手紙を書いた。

あやかちゃん　こんにちは　きのーは
かえりのバスで　いっしょだね
おともだちに　なりましょー
それで　チェンリングを

そこまで書いたところで、私は大人にビニール袋をもらいに走った。チェンリングというのは、私が子どもだったときに流行《はや》っていた、プラスチックの輪っかをつなげて遊ぶおもちゃだ。いろんな色のがいくつもあって、交換っこするのがとても楽しい。それをあやかちゃんと分けっこしようと思った。

手紙ならきっと、「……うん」以外のことも聞かせてくれる。私一人より、二人分のチェンリングをつなげたほうが、きっとずっと長〜い首飾りを作れる。私はとってもわくわくしながら、大人に向かってこう言った。

「ビニール袋をちょうだい」

チェンリング

「何に使うの」

「あやかちゃんにあげるお手紙につけるの」

「なら、そのお手紙を見せなさい」

大人は私の手紙を奪って読んで、こう言った。

「この続きに「あやかちゃん、チェンリングをちょうだい」って書くんでしょう。チェンリングをビニール袋に入れさせるのね？いけませんよ。あやかちゃんがおとなしい子だからって、みんなで寄ってたかって物を取ろうとして！」

子どもながらに「違う」と言っても、この一言ですまされた。

「子どもの考えていることなんて、すぐわかるんだから！」


それから、私は、大人になった。大人の女性になった私は、女性を愛し、生きている。そのことがどうも、いまの世の中では、「セクシュアルマイノリティ」とか「LGBTs」とかいわれるものにあたるらしい。私は芸能事務所に所属し、物を書いたり話したりすることを職業にした。そういうふうにしていたら、こんな依頼をいただいた。

「セクシュアルマイノリティとして苦しんだ経験を聞かせてください。この作品を通して私は、苦しんでいるセクシュアルマイノリティのみなさんの差別解消を訴えていきたいんです」

私は、うーん、と考えた。で、こう答えた。「セクシュアルマイノリティと呼ばれる人が、みんなそれで苦しんでいるとはかぎりません。なのに、セクシュアルマイノリティの苦しみを話す、なんてことは、私が勝手に代表ヅラするようなものだと思うのでできません。私に話せるのは、私の人生のつらかったことだけです。それでよければお話ししますよ」

以降、連絡はなくなった。

それから、こんな依頼もいただいた。

「コアな世界の問題を、コアな人たちが語るクイズショー！　過去には、枕営業、AV男優などの方々が出演しています！　その世界の方々しか知らないことを暴露してください。次は美人レズビアン特集!!」

また、うーん、と考えた。で、こう答えた。「〝その世界の方々〟どころか、見た目でわからないだけで同性愛者はどこにでも生きています。性別問わず、自分が同性愛者であることを言えずに生きている視聴者がいることを考えないといけません。それを考えますと、レズビアンをコアな世界のコアな人扱いする企画には、私には賛同できません。出すぎたことを申し上げるようですが、企画自体を再考しませんか？」

これにも返答はなかったどころか、「レズビアンの見分け方！」とかいう、私が言ったことに真っ向から対抗する内容で騒ぐ番組が作られていた。出演者同士で飴玉を口移しさせるシーンを眺めながら私が思い出したのは、友達のモデルの言葉だった。

「私、本当は、普通の女性として扱ってほしい。でも、男の娘とかオネエとか、そういうキャラ付けを受け入れないと、ウチらLGBTsは番組で使ってもらえないから。いやなこともできてこそプロだよね？」

そうしてオネエキャラを演じる彼女が、なんだか、あややかちゃんとダブって仕方なかった。涙が出た。とっても勝手なことではあるが、私は、泣いた。

私は、セクシュアルマイノリティ差別がつらくて泣いたんじゃない。私はただ、〝キャラ付けを受け入れないと使ってもらえない〟と言った彼女にも、番組制作者に「……うん」と言ったその続きがちゃんとあるのだ、っていうことに泣いたのだ。その続きをちゃんと聞こうとしない態度で、いったいどれだけ面白いものに出合えるっていうんだ。

誰が当事者だとか、誰がマイノリティだとか、どっちが弱者だとか、ぶっちゃけどうでもいい。むしろそういうのこそがじゃまなんだ。それぞれの人がいて、それぞれの人生がある。でも人は一人分の人生しか生きられない。だからこそ聞かせてほしいんじゃなかったのかな。単色に塗られた「その世界の人」の話じゃなくって、それよりずっと色とりどりな、その人自身の話を。

〝あややかちゃん〟を勝手に守ろうとする大人みたいに、あの人たちは「セクシュアルマイノリティとしての苦しみを!!」と私に言った。

〝あややかちゃん〟から何か奪っていこうとする子どもみたいに、あの人たちは「暴露しちゃってください! タブーなしのぶっちゃけネタ大放出!!」と私に言った。

そういう空気のなかで、弱いとされる人たちは、「……うん」と言い続けてきたのだ。だから、近づいてきた人が、友達になりたいのか、何かを奪いたいのかの見分けがつきにくい。それで、弱者を守りたい騎士気取りの誰かが、友達になりたい人にまで「奪いたいんだろ!」って勝手に石を投げるので、孤立してしまうのだ。

例の番組のtwitterには、「この番組でＬＧＢＴｓを理解して！」と書かれていた。ＬＧＢＴｓを理解する。よくあるフレーズだ。連載にも、こんな投稿をもらっている。


「同性愛を理解する」「ＬＧＢＴｓを理解する」

セクシュアルマイノリティの話題のときに便利に使われがちな「理解」という言葉ですが、そもそも「理解する」とはどういうことなのでしょうか？

「理解できている状態」とはどんな状態だと思いますか？

牧村さんの鋭い観察眼で紐解いていってほしいです。

（全文をそのままで掲載しました。）


私の観察眼が鋭いかどうかはわからないが、お答えするなら、こうなる。

「理解なんてできない。でも、だからこそ決め付けずに知ろうとするのが、〝理解する〟という行為だ」

子どもとか、ＬＧＢＴｓとか、ある特徴を持つ人たちみんなを理解することは到底無理に決まっている。それは、「子どものことなんかすぐわかる」と言っていたあの大人が、〝子ども〟というカテゴリーどころか、自分のクラスにいる数十人のことさえわかっていなかったのに似ている。

それでも「理解してる」とか言うならば、理解できる範囲に押し込めてるだけだ。

例えば、レズビアンを「コアな世界のコアな人！」扱いするかぎり、その外で生きているレズビアンのことは目に入らない。「タブーのないコンテンツ作りが売りなんで！」とか言いながら、レズビアンを「タブーな人たち」扱いしているのは制作者と視聴者自身にほかならないってことにも、いつまでたっても気づけない。

つまんない。

勝手に線を引き、「その世界の方々」をワーキャー言いながら扱うことは、自分の世界を狭めることにほかならない。私は、そういう人が引いた線から出ていく。「弱い子」でも「おとなしい子」でもない、ただ、「あやかちゃん」と話したいから。あやかちゃんと友達になりたいから。

理解なんてできないだろう。別の人間なんだもの。でもね、だからこそ、「……うん」の続きが聞きたいんだ。あやかちゃん、私はあなたにはなれない。あやかちゃん、私にはあなたを理解することなんてできない。でもね、だからこそね、「……うん」の続きを聞かせてほしかったんだよ。

つなげられなかったチェンリングを、心の奥にぐちゃぐちゃにしまったまま、私は、考えている。「私には理解できるの！」っていう、あの大人みたいな大人だって、私と同じようにさみしいだけなのかもしれないなって。悪気なく誰かを理解した気になりたいだけかもしれないな、って。

「人を嫌いな人は嫌いだ」
──アメリカ大統領選からみる多様性の嘘

久しぶりに、名詞で命令する人を見た。「メシ！」「風呂！」「くつした!!」みたいな、ああいうのだ。

家事ができないのか、それとも、「自分には他にもっと重大な仕事があるのだから、家事くらい目下の者がやれ」と偉さをアピっているのか、その両方なのか知らんが、ともかく、名詞一つで人に何かを要求するさまは、私に、アレを思い起こさせた。

乳幼児だ。

「マンマ！」「おしっこ！」「おんぶ〜！」みたいな、発達心理学で言う〝一語文〟というやつだ。一語文で要求できる相手がいることは、なんて恵まれたことだろうか。まあ、一語文で要求するくらいにぴったり依存して未分化でいるかぎり、きっと気がつかないことだろうけれども。

私たちは、世界と未分化なままに生まれてくる。

「一語文」を調べるために発達心理学についてググって思い出したけれど、赤ちゃんは、世界と未分化であるらしい。ママのおっぱいに吸い付きながら、どこまでが自分でどこからがママなのかもわからないままでいる。赤ちゃんにとって、自分は世界であり、世界は自分なのだ。

んまんまと口を動かしながらおっぱいを吸ううちに、赤ちゃんは、自分を生かす何者かを「まんま〜」と呼ぶ。その「まんま」は、「母」かもしれないし、「食べ物」かもしれないが……とにかく、自分の外側の何かに向けて声を発したとき、それは言葉になる。そして、自分と自分でないものを分断する。

言葉が世界を切り分けていく。

「わんわん」「ぶーぶー」「じいじ」「おひさま」「おともだち」、そして「しらないこ」……乳幼児の目に映る世界には、一語覚えるたびに、一筋切れ目が入る。

言葉のナイフはやがて、自分自身にも向かう。「からだ」「あたま」「こころ」「うそ」、そして「ほんと」……。

続いて、自分を含む人間全体が切り分けられる。「いいこ」「わるいこ」「こども」「おとな」「おとこのこ」「おんなのこ」「日本人」「外国人」「マジョリティ」「マイノリティ」

バラバラにみじん切りにするのは、痛い。悲しい。でもだからこそ、うまく混ざるってもんだとも思う。ポロポロに切った玉ねぎと、グチャグチャにひいた肉と、パラパラにしたパン粉をよく混ぜてハンバーグにするみたいに。できるだけバラバラに切って混ぜなければ、フライパンのなかで崩れてしまう。食べて自分の一部にするのにも、消化不良を起こしてしまう。だから、ナイフを振り回すのだ。切って切って切って切って切って、切り分けるのだ。

そういう分断の時期に、二〇一六年という年は位置づけられるのかもしれない。いま、分断がヤバい。

このご時世、「統合」っていう言葉で報じられているのはまあキプロスくらいのもんで、他はだいたい「分断」って感じの状況に見える。EU、アメリカ、南スーダン、そしてもちろん、ニッポンも。

ついこないだまで私は、のんきに「統合」に期待していた。「新しい時代きた♡（キラキラ）」って私に思わせたのは、やっぱり、二〇一二年のバラク・オバマ大統領の勝利宣言だった。

「あなたが黒人でも、白人でも、ヒスパニックでも、アジア人でも、ネイティブ・アメリカンでも、若くても、年老いていても、金持ちでも、貧しくても、障碍があっても、なくても、ゲイでも、ストレートでも、関係ありません。（略）信じています。私たちはともに未来をつかみとることができる、と。なぜなら私たちは、世に言われるほど分断されてはいないからです」（*The Guardian* の書き起こしから引用者抄訳）

こういうことを、ユナイテッド・ステイツ、つまり〝統合された州たち〟の代表として、ケニア出身の父とカンザス出身の母を持ちハワイで育ったオバマが言ったのである。そりゃ希望を持つ。

希望がまぶしいから、そのときは気づけなかった。オバマは、決して、分断がない仲良しチームに向けて「Yes, we can change」って言ったわけじゃなかったんだってことに。希望を持つ人に「Yes, we can」と。絶望する人に「Change」と。はなから分断を受け止め、その両側に呼びかけたからこそ、彼は選ばれたんだろう、ってことに。

それから。

希望による統合より、絶望による分断。

そういう選挙結果になったのが、二〇一六年十一月のことだ。

ヒラリー・クリントンは「一緒にもっと強くなりましょ（Stronger Together）」と言った。これは、「自分は強い。誰かと一緒ならもっと強くなれる」みたいな、いわば希望を持つ人向けの言葉である。

対して、ドナルド・トランプは、「もう一度アメリカをグレートな国に（Make America Great Again）」と言った。これは、「いまはもうグレートじゃない」と思っている絶望しかけの人向けの言葉である。

希望の人に「Yes, we can」、絶望の人に「Change」と、同じ一人の人間が分断の両側に言っていたあのときの選挙とは違う。もう、選挙戦の時点で分断されていた。それが二〇一六年なのだ。

ここで、冒頭の話に戻ろう。

人は、世界と未分化で生まれてくる。やがて自分でないものを「まんま〜」と呼び始めた頃から、その人の世界には、言葉による分断が起こる。その先に何があるか。「まんま〜」みたいな一語文の段階を乗り越え、「自分は世界に自分一人だ」という絶対的な分断を前にすると、人はその分断を取り繕おうと、「仲良くしましょ！」的なことを言い始める。

でもこの「仲良くしましょ！」ってやつは、強い人にしか言えないことだ。夢を持ち、希望を持つからこそ、人は分断を受け止め、それでも橋を架けようとする。子ども時代を思い起こしてみてほしい。「仲良く」って言ってたのは、先生とか、親とか、学級委員とかではないだろうか。弱者は強者に「仲良くしましょ！」とは言えない。のび太は、ジャイアンや出木杉とは一緒に遊べない。壁の内側に逃げ帰り、こう泣き叫ぶしかないのだ。「ドラえも～ん！」

そんな泣き声がウザいから、ジャイアンはのび太を殴る。そして出木杉にはそもそも、壁の内側で泣くのび太が見えない。夢と希望をもって努力し、未来へ橋を架けるのに忙しすぎて。夢と希望の人にとっては、それを持たないやつらがじゃまだ。

「仲良くしましょ！」を志向する層

	若年層	高齢者層
(1) イギリスEU残留賛成	73%	40%
(2) 同性婚賛成	72%	24%
(3) ヒラリーに投票	55%	45%

出典
(1) 2016年、イギリス、BBC調べ。若年層＝18歳から24歳、高齢者層＝65歳以上
「Brexit: How much of a generation gap is there?」(http://www.bbc.com/news/magazine-36619342/)
(2) 2015年、日本、国立社会保障人口問題研究所調べ。若年層＝20歳代、高齢者層＝70歳代
「同性婚「賛成」51%　全国調査、世代間の認識に差」(http://www.nikkei.com/article/DGXLASDG29H29_Z21C15A1000000/)
(3) 2016年、アメリカ、*The New York Times* による出口調査。若年層＝18歳から29歳、高齢者層＝65歳以上
“Election 2016: Exit Polls” (http://www.nytimes.com/interactive/2016/11/08/us/politics/election-exit-polls.html?_r=0)

「仲良くしましょ！」と言えるのは、夢と希望の強者だけ。その一例をデータから見てみよう。それこそ分断をあおるようなことを言っているように見えるかもしれないが、「仲良くしましょ！」的なこと――「イギリスはEUのみんなとこれからも仲良くやっていけるよね☆」「同性婚には賛成だよ♡」「橋を架けたいヒラリーに投票したよ！」的なことを言っているのは、だいたいが若年層だ。

裏切られた経験が少ないから、若い人ほど希望を持ちやすい。そして、橋を架けたい希望の人には、壁を立てたい絶望の人の痛みがわからない。だから「みんな仲良く一緒にね」と言いながら、その理念達成のじゃまになる絶望の人に向かって「人を嫌いな人は嫌いだ（I Hate Haters)」と言ってしまう。その自己矛盾に気づけない。

私のように、「仲良くしましょ！」を信じ、夢と希望で胸ふくらませて生きていた若年層は、出木杉なのだ。のび太の痛みがわからない、出木杉なのだ。

分断が進んでいる。人々は橋ではなく、壁を立てようとしている。

私は悲しい。「多様性だよ☆」とか言いながら、壁と絶望の人々の痛みがわからない出木杉くんでいた自分自身の鈍さが悲しい。悲しいが、知っている。分断と統合は、昼と夜のように一定のサイクルで繰り返していくものなのだと。

人は生まれ、「まんま」から分断され、世界から分断され、それがさみしくて手を伸ばし、その先に愛を見つける。やがて、なんだ〜、愛によってすべてが一つだったんだ、ってことを身をもって知ったとき、自分も自分じゃないものも同じくらい大切になって、死んで、土に還っていく。

そういうサイクルでできている。

本当の統合は、分断を受け入れることなしにはありえない。分断の源を敵としてたたくのではなく、分断の源さえ愛によって包むことが、本当の統合だからだ。「分断なんかやめなよ！　仲良くしようよ！　人を嫌いな人は嫌いだ〜！」みたいな学級委員ヅラから脱してはじめて、本当の統合を目指すことができるのだ。

二〇一六年、夢と希望が負けた。

それは、いままでの夢と希望がニセモノだったからだと思う。やがて壁ができるだろう。橋を架けたかった人は、ニセモノの夢と希望を振りかざし、壁を立てた人を呪うだろう。「人を嫌いな人は嫌いだ」と。

でも、いや、だからこそ、忘れないでいたい。壁だろうが橋だろうが、見上げればいつも、空がつながっている。壁は確かに私たちを守るかもしれないが、同時に世界を狭めるものでもある。こんなに空が広いなら、私は、壁の向こうにいきたい。いつか橋を架けたい。

「多様性を認めろ〜！　人を嫌いな人は嫌いだ〜！」

そんな自己矛盾に満ちたニセモノの夢と希望を捨て、一人で飛び立てたとき、きっと本当に悟れるんだろう。絶望も希望も、壁も橋も、強いも弱いも、他者も自己も、母も子も、みんな、敵を作るまでもなく、愛によってはじめから一つだったんだ、ってことに。

働かざる者もべつに食ってよくね

七月のこと。パリ・シャルルドゴール空港の検問には、ものすごい数の人が並んでいた。その数、およそ「全校集会かよｗｗｗｗ」レベル。数える気も起こらないけど、六百人とか七百人とかいたと思う。七月だから、ヨーロッパではそろそろバカンスに入る人も出てくる時期なのだ。そして、その六百人とか七百人とかのみんながもう超緊急みたいな顔をしていた。とてもオシャレだがトイレいきたさを隠せなくなってるムッシュ。ちょうど親の膝の裏に頭を持たせかけて寝始めるキッズ。膝カックン状態のママンは乗り換えのｅチケットを手にイライラしている。私もまた、パリに住む義理の祖父（「cakes」で書いた記事に出てくるルネおじいちゃん）との約束の時間が迫っていて焦っている。想像してみてほしい。そんなわさわさした数百人を、いったい何人の入国審査官がさばいていたか。

二人だ。

「二人ｗｗｗｗｗうははｗｗｗｗｗｗ二人ｗｗｗｗｗｗｗ」と私は爆笑するほかない。十二時間、エコノミー席に詰め込まれた後のテンションで爆笑するほかない。腰が痛い。「ほぼ永遠じゃねコレ」みたいな時間を待った後やっとパスポートにスタンプを押され、「二人wwwwwwwwうははwwwwwなぜ二人wwwwwwww」とひとしきりウケた後、私は悟った。このバカンス時期の大混雑をさばく入国審査官が、なぜ、ああ、いったいなぜ、たったの二人しかいないのか。

入国審査官たちもバカンス中だからである。

アロハ～って思った。まじで。

私は日本人だ。「バカンス」なる言葉が外来語である言語を母国語として育ってきた。そのかわりに輸出した言葉は何か。「過労死（karoushi）」だ。そんな私の国では「働かざる者食うべからず」と言われる。「母ちゃんが夜なべをして手袋編んでくれた（美談）」的なノリで休みなき労働が称賛される。いや、おかしいだろ。寝てくれよ母ちゃん。せつないので私も取ることにしたのだ。バカンスを。

で、バカンスを取るためにまず私がすることは何か。

謝罪である。

「すみません、たいへん恐縮なのですが」と、レギュラーをいただいているラジオ局に頭を下げる。「忙しい時期に申し訳ありません」と、所属事務所にも謝る。「ファンクラブ限定日記の更新も止まります」とメンバーになってくださっているみなさんに謝る。なんか謝ってしまう。

休むために謝るということが必須ではないことを意識するために、私は「バカンスを取るために謝るフランス人」を想像してみた。やばい。ありえない。ウケる。もしフランス人がフランス社会で本当にそんなことをしたら、笑われるどころか怒られるかもしれない。なぜなら、「私休みます、ごめんなさい」の裏返しは「お前休むのか？　謝れ」だからである。休むことは悪いこと、みたいな圧力を、休む人間が発してしまってどうするのだ。うわあ、ごめんなさい。あ、なんかまた謝ってしまった。

そんなふうにへこへこしながらパートナーと休みを合わせてハワイにいった。空港に着き、移動しようとして、衝撃を受けた。バスに時刻表がないというのだ。

「次のバスは何時にきますか？」

「ああ、まあ、適当にくるんじゃない？　待ってれば」

一事が万事こういう調子なのである。まじアロハ。ホテルに着いたら案内係が日本人っぽい人だったが、流暢な日本語で彼女はこう言った。

「お迎えのシャトルは十分もしくは二十分、状況によっては三十分くらいのサイクルで周回していますが、まあまずきっかり時間どおりにはきません、ここはハワイですのでね」

すごかった。笑顔だった。「到着の電車は一分少々遅れてまいります、お客さまにはお急ぎのところたいへんご迷惑をおかけいたします」とアナウンスしたりんかい線の車掌さんとのフリースタイルラップバトルが観たいと思った。観衆となった私はいったい、どっちの応援をするのだろうか。

歩き回っていたら、カメハメハ大王の像があった。「風が吹いたら遅刻して～　雨が降ったらお休みで～」っていう歌を思い出して、二人で歌った。ハハッ。やばい。まじアロハ。

そんな調子で七日間休んだのだが、たいへんだったのは、日本に帰ってきた後だった。

働かなきゃ。働かなきゃ。仕事用メールアドレスにはメールが山盛りになっていて、締め切りが迫る原稿もまったく進めていない。打ち合わせに代わりに出てくれていたマネージャーは「ゆっくりスイッチを切り替えていきましょう」と言ってくれたが、私は焦る。働かなきゃ働かなきゃ働かなきゃごめんなさい。

罪滅ぼしのような気持ちでラジオ局におみやげを置いた。おみやげって本当は、「こんなところにいってきたので雰囲気だけでもお裾分けしますね」って気持ちで渡したいものだと私は思うんだけど、なんか、つい、ごめんなさいの印にしてしまう。

生放送を終え、インタビューを書き起こし、事務メールを返し、原稿を郵送したあたりで私はものすごい寒気と疲労感に襲われた。時差ボケと、旅行にぶつからないよう止めていた生理とのダブルパンチである。やばい。縮こまってガタガタ震えながら、私はやばいと思っていた。体調が、じゃなくて、仕事が。そして、そんな体調でありながらも、「体調やばい」じゃなくて「仕事やばい」と思ってしまう、私自身が。

打ち勝とう。休むことへの罪悪感に。

おっかなびっくり「バカンス」してみて、ようやく学んだことがある。休むことと遊ぶことは、違うのだ。違うことなのだ。「ごめんなさい」と言いながら休みを取ったので勘違いしていたが、私はハワイで休んできたのではない。遊んできたのだ。だからちょっと休んでから仕事に戻るべきだったのだけれど、私の頭のなかでは「休む」も「遊ぶ」もまとめて「働かない」になっていて、区別がついていなかった。

日本の空を見上げて、顔も知らない先祖たちのことを考えている。私に流れる血は、「働かざる者食うべからず」から、「進め一億火の玉だ」を経て、「二十四時間働けますか」の人々から受け継いできたものだ。この空の下に、立派なビルがいっぱい立っている。家のなかでは洗濯機が人間の代わりに服をきれいにしてくれていて、家の外では自動販売機があらかじめ調味され調温されたコーヒーを売っている。

こういう自動のいろいろを開発したご先祖たちは何を思っていたのだろうか。

「働きたくないでござるぅ〜」ではないのだろうか。

私は出かける。夜なべした母ちゃんではなく、工場の機械によって編まれた手袋をして。この手で、何を作っていこうかなあ。そんなふうに考えていると、なんかすごく、生きてるって気がするのだ……働いてるとか働いてないとか言う前に。

メンチカツ食ってミス日本

自分の首の回りの長さなんて、測ってみたのははじめてだった。

二〇〇九年のこと、私は、ミス日本コンテスト応募のために、体中のありとあらゆる場所のサイズを測りまくっていた。アパートの窓にはひびが入り、ゴミ捨て場のすぐ上なので虫や臭いが上がってくるし、国道沿いでトラックが通るたびにガタガタ揺れる。そんな場所からどうしても脱出してやりたいと思う、私は学生だった。

いくつもアルバイトを掛け持ちしていたが、なかでもいちばんありがたかったのは撮影会の仕事だった。写真が好きな人のモデルをする仕事で、いいときは時給換算で六千円くらいになる。私が生活に苦労している学生であることを知って、レトルトカレーとか果物なんかを差し入れてくれる方々もいた。そのかわり、人気が出なければ収入も安定しないので、私は時給九百円の他のアルバイトを増やさなければならず、勉強時間が減って成績も収入も落ちる。でもミス日本になれたら、撮影依頼がめちゃくちゃいっぱいくるようになるんじゃん？　そう思って私は、ガタガタ揺れる部屋で応募書類を書いていた。はっきり言って、応募動機はお金である。

ということで私は書類選考を通過して、関東大会で落ちた。あ〜あ、と思った。狭い部屋には椅子を置く場所がないので、入院患者がベッドで食事するためのテーブルをネットオークションで三千円で買って置いていた。そこにバイト先で廃棄されたべちゃべちゃのチーズメンチカツを置いて、プラスチックのパックから少しずつ食べた。だって皿に盛ると洗うための水道代と洗剤代がかかるから。ちなみに私は廃棄のメンチカツがちょっと苦手である。肉なのか玉ねぎなのかパン粉なのかなんかはっきりしない味がするから。電気代節約のためレンジにもかけていない冷えきったチーズメンチカツの肉の粒をかみつぶしながら、また、あ〜あ、と思った。

受かるわけないじゃん、こんな自分が。

何がしたいのかはっきりしないままのぐちゃぐちゃにとりあえず女という衣をかぶせた、自分がまさに、冷えきった余り物のチーズメンチカツみたいに思えた。

ミス日本関東大会にはなんかミス東京大学とかバレエ歴十五年とかそういう女の子たちがいっぱいいいた。私もバレエをやりたかったけれど、実家にお金がなくてやれなかった。ミス東大とかバレエとかに、冷えたチーズメンチカツが勝てるわけないじゃん?

そう思いながら大学にいってみると、フリーターを経て大学に入った私よりも年下の学生たちが、留学先をどこにするかみたいな話で盛り上がっている。私には買えない五百円のランチを買い、まずいまずいと騒いでいる。一パック九十九円の特売の卵を一個だけ食べて十円未満のランチをしている私に、別の学生が言う。「安い卵は、ニワトリを狭いところに閉じ込めて虐待して産ませているものだから、アニマルウェルフェアに配慮した放し飼いのニワトリの卵を買わなければ、あなたもニワトリの虐待に加担することになるんだよ」。正しいだろうが、アニマルフェルウェアに配慮した放し飼いのニワトリの卵を買うのは彼女ではなく、彼女の親である。私は自力で卵を買って食わなければ生きられない。アニマルフェルウェアに配慮した放し飼いのニワトリの卵を一パック五百円で買える経済力は、私には、ない。

うお〜ん、と、思った。緑がきらめくキャンパスに、『もののけ姫』みたいな銀色のオオカミが駆け込んできて、すてきなランチタイムを繰り広げるところを想像した。銀色のオオカミは、卵が一パック九十九円だろうが五百円だろうが関係なく食らうだろう。一パック九十九円の卵を食っている人間も五百円の卵を食っている人間も、関係なく血まみれにするだろう。それってめちゃくちゃ、痛快に平等じゃん？　まあ、オオカミは銃で殺されて絶滅してしまったけどね。絶滅した銀色の平等を想いながら、私は『もののけ姫』のテーマ曲を歌って帰った。本当に歌ったら他の学生たちにヤバい人だと思われるから、頭のなかで歌って帰った。ものの〜〜〜け〜〜〜〜たち、だけ〜〜〜〜〜〜〜〜〜。ものの〜〜〜け〜〜〜〜たち、だけ〜〜〜〜〜〜〜〜〜〜〜〜〜。

部屋にミス日本敗者復活戦通知が届いていた。

やばくね？　めっちゃクールじゃん？　と思いながら京王プラザホテルに向かった。事情があって一枠空きが出たので、敗者復活戦をすることになったらしい。

敗者復活戦。いい響きだ。普通に受かるよりロックである。京王プラザホテル内にあるミス日本事務局で私が質問されたのは、「日本史のなかで好きな時代を理由とともに答えてください」というものだった。「戦国時代です。みんなバラバラのまま、自分の信じるもののために戦っていたと思うから」と答えた私の頭のなかで、銀色のオオカミが自分の食欲のために獣も人間も食い殺しまくっていた。「まあ、そんな時代には戻りたくないですけどね、死にたくないので」と付け加えた。審査員は笑ってくれて、私は最終候補に選ばれ、テレビの密着取材もついた。

ミス日本の最終候補者は、決定戦の日まで、能・日本史・スピーチ・ウォーキング・メイク・ミス日本式美容法などの訓練を受けることになる。だけど水道代が払えなくて先生に「頭が臭いです」と言われた私を、テレビカメラは撮らずにおいてくれた。「一本にまとめただけの髪、ボロボロになった靴……」。テレビ番組は私の貧乏さを、いわゆる女子として社会的に許容できる範囲内で写し撮って貧乏女子大生として特集してくれた。

テレビカメラの前でも、同じく最終候補になった女の子たちにも、応援にきてくれたおじいちゃんにも、最後まで言えなかった。私が、おそらく、異性愛者ではないということを。取材の場で「どんな男性がタイプですか?」とか「彼氏が浮気したらどうしますか?」とか聞かれても、「なんで女は男が好きだろうって前提で話をしてくるんですか?」としか思えない、ということを。

頭がくさい銀色のオオカミと、ミス日本のおかげで出会えたと思う。人の世は不平等だ。三歳からバレエを習わせてもらえるかどうか、一パック五百円の卵を親に買ってもらえるかどうか、そういったことはあらかじめ割り振られていて、当たりくじを引けなかった人は一パック九十九円の卵を一食に一つずつ食って生きる。ニワトリの虐待に加担しているとなじられながら。脱出したくてミス日本に出場しても、ミス日本は美人かどうかだけでは審査していないことを知らない人から、ブスだとか、調子乗るなとか、女性性の商品化と容姿による差別がおこなわれるミスコンという場になぜ自分からいくんだとか言われながら。

わーわーうるさいなか、頭のくささだけがリアルなのだ。ニワトリも、私も、オオカミも、みんな、生ぐさい命を生きている。ミス東大もバレエ歴十五年も、水道代とシャンプー代をかけて頭を洗わなければみな平等にくさくなる。異性愛者もそうでない人も。ミスコン反対派も、ミスコンに出て生き残ろうとする人も。

私は最終決定戦で落ち、二〇一〇年度ミス日本ファイナリストとして戦いを終えた。でもなんか、いまでもたまに、あの銀色のオオカミの声が聞こえる。うお〜ん、って。銀色の平等は、生きている。頭がくさい。美しい、という言葉は、こういう生命みなぎる生ぐささのためにあるのではないだろうか。

生きろ。私は、美しい。

私はもう、私が美しいことを自分で知っている。ミス日本ファイナリストの肩書も、自分からはあまり名乗らなくなった（この書き下ろしエッセイも編集のリクエストで書いたものである）。

美しく生きるっていうのは、なにもバレエを習わせてくれるおうちに生まれることから始まるとはかぎらない。銀色のオオカミのように生ぐさく走り抜けて、ミスコンで受賞できなくても自分を美しいと断言できる自立性を身につけながら生きることを、私は、美しい、と呼びたい。

うお〜ん。

うお〜ん。

負け犬の遠吠えに聞こえるかもしれないが、人の世の不平等に立ち向かうとき、いまも私は、あの緑のキャンパスに走っていた銀色のオオカミの声を聞いたような気になるのである。

やりたい仕事で稼げていないときに、自分の心を守る方法

あのアイドル番組は私にギャラを払ってくれなかった。

周知の事実すぎて暴露にさえならないが、「お願いします！　私を有名にしてくださいっ!!」みたいな新人にギャラが支払われないことはいくらでもある。それは、需要に対して供給がめちゃんこ過剰な芸能界の市場原理を考えれば不自然なことではない。むしろ「ノーギャラでも出してくださいっ！　お願いしますっ!!」って出演者のほうが言うんだから、もうどうしようもないのだ（新人時代の私も含む）。

だから、私はここで「新人にもギャラ払ってちょうだいよ!!」みたいな話がしたいのではない。そうではなくて、「自分のやりたい仕事で金を稼げていないときにどう自分の心を守るか」っていう話をしたい。六年前、ミス日本のファイナルで受賞を逃し、食えないタレントになった頃の自分を振り返りながら。

とにかく、金がなかった。

金がないけどキレイでいたい私が何をしたか。

クーポンマガジン「ホット○ッパー」の新規客向け美容室割引チケットをあさることである。私には、東京でいきつけの美容室を持つ金もなかった。二十二歳、バイトの時給は九百円。青山のヘアサロンでうるツヤ集中トリートメントを受ける金があるならば、滞納していた家賃の支払いにあてるほうが先でしょう常識的に考えてっていう状況だった。

だけれども当時の私は、芸能事務所に所属したての身である。うるツヤ集中トリートメントとか、すっきり美脚エンダモロジーとか、劇的小顔リンパフェイシャルとか、なんかそういう感じのを受けまくっている女たちとオーディションで並んで仕事を奪い合わなければならない。仕事がなければ貧乏なままである。

ぜひ受けよう、うるツヤ集中トリートメントを。そう思った。大家さんすんません、と思いながら青山のヘアサロンに入る。「【新規限定】カット+トリートメント通常一万三千八百円→九千八百円」。あらまあそれでもお高いわ、でもこれでオーディション受かって稼ぐんだからいいわ、と自分に言い聞かせながら切り抜いたクーポンがここにある。私の手中にある。
☆モデル、タレント、芸能人多数来店☆
クーポンに並ぶ☆マークがマジで輝いて見えた。ヘアサロンっぽい音楽が流れるヘアサロンでヘアサロンっぽい椅子に座る私が、ヘアサロンの鏡に映っている。美容師……じゃない、ヘアスタイリストのお兄さんが私の髪に触れる。こなれた仕草である。ヘアスタイルがオダギリジョーである。青山のヘアサロン性を感じる。ここに、「【新規限定】クーポン」を使わずしてこられる日はくるのだろうか、と考える。

「☆モデル、タレント、芸能人多数来店☆」の☆の輝きに私はなれるのだろうか。十六時からバイトが入っている。青山のヘアサロンでオダギリジョーにうるツヤ集中トリートメントを受けた髪を、私はネットキャップに隠して働くのだ。

　バイト先の肉屋の冷蔵倉庫で、ぶらさがるブタの半身の冷たい血のにおいに包まれる、十六時の私を想像した。青山のヘアサロンのにおいは、髪を包むキャップのなかだけにとどまるのだろう。

「今日はお休みなんですか?」

きた。ヘアサロンっぽい会話が。私は緊張する。あー緊張する。青山のヘアサロンでオダギリジョーみたいなヘアスタイリストとしゃべるの、マジ緊張する。武者震いがする。

「いえ、仕事なんです」

「そうですか。お仕事、何されてるんですか?」

きてしまった。ヘアサロンっぽい会話が。

「えっと……」

鏡のなかの自分が見える。
☆モデル、タレント、芸能人多数来店☆
「……………………………………………………、フリーターです」

髪だけが輝いていた。うるツヤだった。

冷蔵庫で少し泣いた。

肉屋の冷蔵倉庫で私は、ブタやウシやニワトリに囲まれて働いた。それらはもう死んで食肉になっているので、私の涙を見てはいない。「お仕事、何されてるんですか?」とか聞いてもこない。そのことに変に安心して、少し泣いた。

当時の所属事務所を代表するタレントである杉本彩様の髪を思い浮かべた。言うまでもないが、うるツヤである。私は少しでも彩様に近づけたのだろうか。「芸能人になりたいなら芸能人が集まりそうなところにいき、芸能人がしそうな生活をしなさい」と芸能界の人が言っていたのを思い出す。

彩様は、肉屋の倉庫に入らない。

彩様は、新規限定クーポンを使わない。

彩様は、青山のヘアサロンで「お仕事、何されてるんですか?」とか聞かれない。

すべて私の勝手なイメージだが、私は自分がみじめになった。

「石井さ〜ん、デンバラブロック出して〜!」(デンバラ=デンマーク産ブタバラ肉の略)

店長が私の本名を呼ぶ。それだけで私は悲しい。だって彩様には、たぶん、本名で呼ばれることなんかほとんどないだろうからだ。

私はまた、ヘアサロンを探していた。目の前に「ホット○ッパー」がある。あの青山のヘアサロンにはもういけないけれど、どこかにまた新規でいこう。クーポンを使わずに。

肉屋のバイトも辞めようと思った。彩様が十代のときに着物モデルの仕事をしていたことから、私は、少なくとも芸名で呼んでもらえる撮影会モデルのバイトだけで食っていく決意をした。

電話を手に取り、ヘアサロンに電話をかける。青山じゃなくて、武蔵境のだけど。

「予約したいんですが……」

「お名前をうかがってもよろしいでしょうか」

「牧村朝子です」

きっぱりと芸名を名乗る。それだけでなんか、うれしくなった。スタイリストさんに仕事を聞かれたら、「タレントです」って今度こそ言おう。貧乏でもバイトしてても、私はタレントなんだ。私が決めたんだ。


……そんな二〇一〇年の想いが、選択が、一六年の現在につながっていたんだと思う。いまでは私はちゃんと「タレントで文筆家です」って名乗るし、超たまにだけど「あっ！　テレビ出てた人ですよね？」とか声かけてもらえるし、ノーギャラ仕事はチャリティーだけに限っている。

何よりもう、私は冷蔵庫で泣かない。私は名乗りたくない肩書を名乗らないし、呼ばれたくない名前で呼ばれても気にしない。

私は、私を、自分で決めるのだ。

杉本彩様にこそ、なれなくってもね。

「奴隷契約」はなぜ続く

――芸能界に入って七年で思うこと

ふみカスが……清水富美加さんが、ああ、いってしまわれた。「清水富美加」という女優としての名前を捨て、とある宗教に出家してしまわれた。私は、悲しい。それは、彼女の後ろ姿が、晴れ晴れとした旅立ちというよりも、決死の脱獄みたいに見えるからだと思う。

旅立ちと脱獄は違う。立つ鳥は跡を濁さないし、自分の行き先をまっすぐ見据えている。でも、彼女のそれは、脱獄に見えるのだ。彼女の事務所を一方的に牢獄扱いする気はさらさらないが、少なくとも彼女自身の視点からは「ここにいたら人肉を喰う役を拒否する自由もない。出ていかなきゃ!」みたいに見えていたのではないだろうか。飛び立ったその跡を、契約期間が残る仕事でぶっちらかしたまま。

彼女の脱獄について、芸能界自体を牢獄扱いするような物言いも、ちらほら見られる。仕方ないことかもしれない。私は二〇一〇年に芸能事務所に所属し、芸能界に入って今年で七年になるが、元共演者のタレントたちが、「脱獄」みたいな辞め方をしていくのを何度も見てきた。行き先は宗教とはかぎらないが。

しかし、私は言いたい。これを「芸能界の問題でしょ」って言って、社会全体の問題から目を逸らそうとする物言いにだまされてたまるか、と。

「金をやるから言うことを聞け」みたいなやり方は、芸能界に限ったものではないだろう。ブラック企業もモラハラ亭主も、みんなみんな同じことをしてきているではないか。強く賢くあるために、「芸能界って怖いわぁ〜」視点にはとどまりたくない。もっとちゃんと広い視点で、〝奴隷契約〟問題を捉えてみたいと思う。

まず押さえたいのは、「エージェンシー」と「プロダクション」の違いだ。たかが七年だが、芸能界にいて思うのは、自分が契約しているのがエージェンシーなのかプロダクションなのかさえわからないまま「社長♡　テレビのお仕事くださぁい♡」してる人が多すぎる、ってことである。

エージェンシーは「代理業者」、プロダクションは「制作業者」だ。代理業者であるエージェンシーはいわば、「俺らが営業・経理・広報・渉外・事務なんかのめんどくせぇ仕事を代理してやっから、お前、芸能に専念しな！　報酬は山分けだぜ！」という相棒である。芸能人は個人事業主として契約を結ぶ。ちなみに私は、このやり方で働いている。

それに対して、日本の芸能界は伝統的に、制作業者であるプロダクションが多くを占めてきた。古くは江戸時代、歌舞伎役者たちが中村座や市村座などの芝居小屋単位で芸能の道に励んできたこと、もっとさかのぼると神社単位で巫女舞をやってきたことあたりにも起源をみることができるだろう。大正時代から続く宝塚歌劇団のタカラジェンヌたちは阪急電鉄の社員扱いだし、昭和時代（って平成の子が言ってた）も東映・松竹・東宝といった映画制作所単位で役者を抱え込むシステムが組まれていた。

やがてテレビの時代がきても、〝プロダクションにお世話になる〟感覚は変わらなかった。日本のテレビ女優第一号といわれる黒柳徹子さんは、もともとNHK専属女優である。テレビの影響力が増すにつれ、テレビにとどまらず映画・音楽・舞台・文筆・講演など各メディアを縦横無尽に駆け回る芸能人も増え、「自分が所属するプロダクションが作るものにしか出られないのは狭すぎる」ということでエージェンシーが必要になったわけだが、こうした歴史を踏まえて活動している芸能人は多くない。

プロダクションとエージェンシーの大きな違いは、「上下関係か対等な関係か」ってところだと私は思う。

かつてプロダクションで働く芸能人は、社畜だった。「この会社に入って、この会社が作る映画に出していただくんだ！　社長、お給料ありがとうございます！　喜んで殺人鬼の役をやります!!」ってなりがちだった（全員とは言わないが）。

それに対して、一つのプロダクションが作るものから一生出られないというんじゃ狭すぎるほどコンテンツ業界が多様化した現在、エージェンシーと働く芸能人は、「私は芸を磨く。あなたたちは営業をして。より大きな報酬を稼ぎ出すために、ここで殺人鬼役を受けることが役者としてのイメージにどう影響するか考えましょう」みたいなことができる。

なのに、不思議だ。なぜ消えないのだろう、この、全員社畜☆みたいな空気は。「事務所に入れていただいてありがとうございます！」ってしっぽ振りながら、カスみたいな内容の契約書にサインしちゃう芸能人がどれだけいることか。百歩譲って、駆け出し芸能人なら例えば「出演料の一割を報酬としてあげます」みたいな契約内容だって仕方ないとしても、その契約終了期間を定めた条項を踏まえて「更新の際にはこういう契約にしてくださいね」的な交渉ができる芸能人のなんと少ないことか。

みんな、自分を低く見積もりすぎだ。「自分には言う権利がない」と思いすぎなのだ。望まないのに水着にされ、ひどいときには性被害を受け、マジで奴隷状態になってるのに「干されるのが怖いから」と泣き寝入りをする（特定の芸能人のことを指して言っているのではありません）。稽古を重ねた回数ではなく、業界人（笑）にお酌をした回数が多い女優が主演を射止める。芸事ではなく人間関係に腐心する。結果、できた映画がつまらない。そして日本産コンテンツが世界で戦えない。ファックオフである。そんなクソみたいな時代、至急終わらせよう。もう一度始めるにはどうすればいいのか。

金で自由を売らないことだ。

芸能人がお金で売るのは、自由、じゃない。夢だ。例えばアイドルの仕事は、ファンに向かって「君が大好きだ！」と歌うことなのであって、恋愛禁止に従うことじゃない。個人が人を愛する自由はいくら金を積んだって買えるはずがない。買えるのはチケットや音源だけだ。なのに「金出してるから言うことを聞け」ってやる事務所やファンのなんと多いことか。胸を張ってこう答えなければ。「契約書外のことはしません」。そもそも契約書の内容がおかしいなら、おかしい、と言わなければ。

〝奴隷契約〟にとらわれないために、奴隷契約を見極める賢さを持ちたい。私だって契約書外のことを「業界の慣習だから」と強いられかけたことがあるが（うちの事務所の悪口では断じてありません）、「これはビジネスです。契約書外のことを強いられるいわれはありません」と突っぱねた。

それでも原稿料をもらってモノが書けている。下手に出ずに、泣き寝入りをせずに、面白いものを作り続けること、それが生き残るカギなのだ。裏でどんなに我慢したって、お客さんは表に出たもので判断をする。裏で耐え続けてつぶされるくらいなら、生き残って、文字どおり生き残って、いいものを表に出そうじゃないか。

これをここまで読んでくれたあなたや、その身の回りにも、金で人の自由を買えると勘違いしているヤツに苦しまされているケースがあったなら、即刻売るのをやめてほしい。自分に誇りを持ってほしい。人を金で囲い込んで言うことを聞かせるやり方は、もう終わりにしよう。狭い世界でお偉いさんに気に入られることよりも、広い世界へいいものを送り出していくことを考えよう。悪しき伝統は、いまを生きる私たちの世代で断ち切ろう。

願わくは、「金をやるから言うことを聞け」時代から、「一緒にお金を稼ぎ出すために力を合わせていこう」時代に進んでいけますように。

もちろん、芸能界に限らず、ね。

4

話したいこと

授業中に突然AV女優の名前を叫ぶ芸で男子から大人気だったBくんへ

中学生だったBくんへ

十四年前、私はあなたが嫌いでした。
あなたも私を嫌いだったでしょう。
中学校の教室で、私たちはこんなことをいつも繰り返していましたね。

教師「……というのが、三権分立の仕組みでしたね。この考えのもとになった『法の精神』を書いたのが……」
Bくん「森下くるみッ!!」
教室「wwwwwwwwwww」
教師「(赤面しながら) ちょっと、Bくんはまたそういうことばかり言って!」

Bくん「えーっ？　〝そういうこと〟ってなんですかあー？」
教室「wwwwwwwwwwww」
私「静かにしてください」

〝森下くるみ〟が伝説的AV女優の名前だと、家に帰って「Yahoo!」で検索するまで私にはわかりませんでした。ただ、みんなは知っていたのでしょうね。若い社会科教師が赤面し、ポーカーフェイスの数学教師が挙動不審になり、教室のほとんどの男子たちが笑っていたところから考えると。私はメガネをずり上げ、ブラウザから〝森下くるみ〟と検索した履歴を消しました。Bくん、私には笑えなかったんです。女子だった私には、学級委員だった私には、十四歳だった私には、笑うことができなかったんです。

一人の部屋でメガネをはずし、ヘッドホンで耳を覆って、女みたいな男が歌うヴィジュアル系バンドの曲を流しながら、私は泣きました。みんな汚い。誰もかもが汚い。精液くさい教室で、精液くささを巧妙に洗い流した先生たちに評価されるには、私は明日もこう言うほかないんだ――「静かにしてください」って。私は授業を聞きたいフリをするしかないんだ。そう自分に言い聞かせながら、どうしても涙が止まりませんでした。

でもね、Bくん。大人になったいま、私、思うんです。たぶん私、あなたと一緒に笑いたかったんじゃないかなって。

それができない自分と向き合いたくなくて、私はあなたを、そして男子というものを、「エッチなことばかりに突き動かされるくだらないつまらないやつら」だって見下してきたんじゃないかなって。

中学生の頃、世界は「男子／女子」に分かれていましたよね。

「月刊コロコロコミック」を土台に「週刊少年ジャンプ」や「週刊少年サンデー」が形作っていく男子の世界と、土台の時点で「なかよし」「りぼん」「ちゃお」に割れていてそれをさらに「ピチレモン」や「Seventeen」や「KERA!」や腐女子的な意味での「ジャンプ」が分断していく女子の世界。そんななかで女子として男子の世界を見つめてきた、この気持ちを一言で言うならば「憧れ」だと思います。

本当はプリクラ帳なんか買いたくなかった。本当は私も袋とじを切ってみたかった。でも『ドラゴンクエスト』の話題を男子に振ったら「何あの子、男に媚びてんの」扱いされるし、グラドルの話題なんか振ったらきっと「女のくせに女が好きなの?」扱いされる。

男子の世界と女子の世界は厳密に静謐に分けられていて、境界を侵犯することは許されない。そういうなかで私が選んだのが、「男子の世界なんか単純でくだらなくてつまらない(だからいけなくてもかまわない)」と思い込むことでした。

男子の世界では森下くるみが脱いでいる!

それを知りながら私は、それを見たくなる自分を抑圧し、「エッチなことなんてくだらないこと」と決め付け、意識が高い女性誌を読みあさりました。毛穴レスな肌になる方法や、パリジェンヌのスタイリッシュな暮らし。そういうものにまぎれて、少しずつ、こんな特集が目につくようになってきました。

「女性ホルモン分泌を促す　セルフプレジャーでうるおうオンナの艶肌」

「忘れられない女性になるために……　プロが教えるプロっぽすぎないLOVEテクニック」

わかりにくいですよね。それぞれ、要はこういうことです。
・オナニーすると肌がきれいになるよ。
・適度に素人感を残したセックステクニックで彼氏が喜ぶよ。
女子の世界では、エッチなことそれ自体には価値が置かれません。ですから「肌がきれいになる」「彼氏が喜ぶ」など別の価値とくっつけることで、ようやく女性誌でも扱えるようになるというわけです。

表を見てみてください。エッチなことを書くにあたって、男性誌と女性誌がそれぞれどんな表現をするかという用語集です。

なんなんでしょうね、女性誌の言葉のほうがややこしくなっているのは。「デリケートゾーンのかゆみに効く軟膏」とか言われて、私、花粉症でかゆくなった目の粘膜にも塗れるのかと思っちゃったわよ。

もちろん「マンコがかゆいときに使う軟膏」って言われて買えない女性がたくさんいることもよくわかりますし、「セルフプレジャーでキレイになれる」って言われてやっとオナニーする自分を許してあげられた女性がいることもまたよくわかります。


男性誌と女性誌によるエッチな言葉の使い方の違い

女性誌語	中立的表現	男性誌語
ハイジニーナ	脱毛済みの陰部	パイパン
セルフプレジャー	自慰	オナニー
デリケートゾーン	陰部・女性器	マンコ
バストトップ	乳首	乳首
アンダーヘアー	陰毛	陰毛
ラブグッズ	アダルトグッズ	オトナのオモチャ

でも、でもねBくん、私たち、もう十四歳じゃないのよ。そこからもう一回十四年がたった、それくらいの年齢に私たちはなっているわけ。大人になったわけ。

だからもう、顔を真っ赤にして「男子の世界／女子の世界」を分けようとすることを私はやめようと思うんです。男はエッチなことばかり考えている単純でくだらない生き物だ、女のほうが複雑で豊かな世界をエレガントに生きている、そんなふうに決め付けることを私はやめます。「パイパン」と言われて激怒し「ハイジニーナよ！　これだから男は下品でいやになるわ！」と吐き捨てる、そんな私でいることを私はやめます。

Bくんもまた、私を仲間に入れてくれますか？　「『法の精神』を書いたのは森下くるみ」っていうネタに、一緒になって笑うことを女にも許してくれますか？

私もBくんと一緒になって笑いたいんです。

だって私たち、それぞれ男と女だけど、結局は女の子が大好きな人同士だもの、ね。

何を聞いても誰といても自分の趣味の話しかしなかったAさんへ

親愛なるAさんへ

　この手紙を書きだしてから、あなたの名前を知らないのだということに気がつきました。学校を楽しめなかった私にとって、学校を卒業しても印象に残っている人は、あなたを含めて数人しかいないというのに。

　そうです。あなたのこと、大人になったいまも忘れられないんです。むしろ大人になったいまにこそ、あなたと話したくなってこの手紙を書いています。あなたの名前は思い出せないけれど、陰であなたにつけられていたあだ名（のようなもの）はよく覚えています。自分ではきっと知らないでしょうけれど、あなたは陰でこう呼ばれていました。

「「モルダー、あなた疲れてるのよ」の人」

　アメリカで大ヒットしたドラマシリーズ『Xファイル』の定番ネタです。あだ名というか、これ、セリフですよね。どういう経緯でこういうあだ名がつくことになったのか、まずは話したいと思います。

あなたはいわゆる「海外ドラマオタク」でした。キラキラした目で誰も知らない海外ドラマについて熱く語り、暗記したセリフを完コピ披露してみせる。周りが全員ドン引きでも、あなたは一人、徹底的に楽しそうでした。相手が担任でも黒ギャルでも学級委員でも、あなたはひたすらこんな調子だった。

「ジョナサン！　ジョナサァァァン！」
「……クソッ、完全にジャックされちまってる……！」
「諦めてはいけないわマキシム！　思い出して！　あのときの約束を‼」
※全部一人で

そんな一人劇場みたいなことをやりながら、あのときのシガニー・ウィーバーがどうの、このときのピーター・ギャラガーがどうのと一人ハイテンションでしゃべりまくるあなたの周りで、誰もが言葉を挟めずに、無言の観客と化していました。

それでみんな、あなたについて、こう噂しあっていたのだと思います。

「またあの人に絡まれたんだけどー！」

「あー、あの「モルダー、あなた疲れてるのよ」みたいなこといつも一人でやってる人でしょ？」

「うけるｗｗｗｗｗいまの似てたｗｗｗｗｗｗ」

　これを聞いて、あなたは傷ついたかもしれません。私だったら傷つきます。「みんなが陰で私のモノマネをして笑ってたなんて」って。

　でもあなただったら、こういう傷つき方をするのかもしれませんね。

「どうしてモルダー呼ばわりなの⁉　私があのとき語ってたのは、『Ｘファイル』のことじゃなくて『犯罪捜査官ネイビーファイル』のことなのに……‼」

　それでまた、みんなに教えてあげなくちゃって思うのかもしれません。それくらいあなたは海外ドラマに熱くなっていました。誰も知らないジョンとかマリーになりきりながら、あなたは誰よりも楽しそうでした。

　でもね、いまになって気がついたんです。あなたは、あなた自身のこと、私に一度も話してくれなかったなって。あなたはあなた自身の名前さえ呼ばれずに、「「モルダー、あなた疲れてるのよ」の人」で通じちゃうくらい海外ドラマのマネばかりしてきたんだなって。

　ねえ、いま、あなたのことが聞きたいんです。

　いまでも思い出します。はじめてあなたと会ったときのこと。文化祭の準備中、日が当たるベンチで、休憩中の先輩や先生たちを相手に「モルダー、あなた疲れてるのよ」みたいなことをやっていたあなたのキラキラしたその目を。

　あなたはあのとき、自分の名前さえ名乗らなかった。ただ、先輩と先生に用があって声をかけた私に、あなたは「どうぞどうぞ」とベンチの場所を空けてくれてこう言ったのです。

「で、話戻るけど、シーズン2からのケリーがね〜……」

先生は肩をすくめてみせると、「こいついつもこうだから」みたいな目配せをして去っていきました。私もなんだかそんな空気に飲まれて、「ああ、そーゆー人なんだな」と決め付けてしまいました。

でも、でもね。いまになって、会えなくなったいまになって、私はやっと気づいたんです。あなたのことを「「モルダー、あなた疲れてるのよ」の人」に仕立てたのは、あなたじゃない。私自身だったんだって。

周りの空気に飲まれて、という言い訳で、私はあなたを「「モルダー、あなた疲れてるのよ」の人」扱いしました。名前さえ聞きませんでした。

いつも海外ドラマの物語を一人で演じ続けたあなたに、いまなら私はあなたの物語を聞かせてほしいと思います。「ねえ、Aさん、どうしてそんなに海外ドラマを好きになったの」って。だって私も、マンガやゲームの夢物語に逃げた日々のおかげで、ようやく向き合えるようになったんです。現実という物語に。あなたが、私が、誰もが生きる、それぞれの物語に。

外側に広がる現実世界と、内側に沈む内面世界。

そのどちらにも価値を見いだせなかった私は、そのどちらにも向き合う勇気を持てなかった私は、いつも逃げてきました。マンガの世界に。ゲームの世界に。小説の世界に。ヴィジュアル系バンドの世界に。趣味の話をすれば、誰かが聞いてくれた。たとえそれが小さい「mixi」コミュニティのなかでも、必ず誰かとつながれた。趣味で頭をいっぱいにすれば、私は私の頭に巣食うものから逃げ出すことができた。外側に広がる現実世界からも、内側に沈む内面世界からも逃げおおせて、私はオタクになれた、私はゲーマーになれた、私は文学少女になれた、私はバンギャになれた、私は何かになれた。

　私は、私でなんかいたくなかったんです。

　私に負わされる名前が怖くて。

　女とか、日本人とか、生まれた時点で負わされていた名前が怖くて。

　私は、私になんかさせられたくなかったんです。

　ただ、私になりたかったんです。

　モルダーやスカリーやジョナサンやジョゼフィーヌや、いつも誰かを演じ続けたあなたにも、もしかしてきっと、同じ気持ちがあったんじゃありませんか？　自分になんか価値がない、他人となんかわかりあえない、それだったら相手や自分自身の話なんてしてもしょうがないんだから、せめて楽しいことにおぼれていよう、そう考えていたんじゃありませんか？

　そう問いかけても、答えは返ってこないでしょう。私には、あなたの名前が思い出せないんです。あのときあなたの名前を聞かなかったせいで。あのときあなたのことを、「「モルダー、あなた疲れてるのよ」の人」だって決め付けてしまったせいで。

　さみしくて、さみしくて、私は今日も聞き続けています。

　あなたの名前はなんですか？

「専業主婦になりたい」って言っておけばなじめる気がしていた

他人の短冊を読むのが好きです。現在、私は東京に出張でやってきているのですが、ちょうど七夕の時期であちらこちらで短冊を見かけます。その日訪れたオフィスにも、笹があり、そこに短冊が飾られてありました。

そこは都会によくあるような、数十階建てのビルに何十社もの会社が入っている建物です。オフィスビルっていうのかしらね、かっこよく言えば。オフィスビルでのイノベーティブなミーティングを終えた後、エレベーターでロビーホールに下りていったら、さりげなく七夕飾りがあったので、私はなんだかほっとしました。見上げるほどの笹には色とりどりの短冊が、金色の折り紙の星々とともに飾られていました。

「あ、スイマセンね。新しい短冊、なくなっちゃったんですよ」

ロビーを見張っていた警備員さんが、手を後ろに組んだままでそう言いました。

「昨日まであったんですけど……スイマセンね」

「あ、いいんです。私はこのビルで働いているわけではないので」

そう言うと私は、たくさんの短冊のほうへ視線を戻しました。

「スイマセンね。でも、見てるだけでも面白いですよ。ほら、ここに傑作があるから」

警備員さんが指さした短冊は、笹の根本のほうにぶら下がっている一枚でした。その自信なさそうな青色の短冊には、サインペンでふにゃふにゃとこう書いてありました。

〝専業主婦になりたい。〟

「へぇ～、よりによって勤め先の会社でこんなふうに書く方がいるんですねぇ」

よく読もうとしゃがみ込む私の胸にあったのは、親近感、だと思います。私にも昔、〝およめさんになれますように〟と書いたことがあったのです。でも、それを学校で書くことと会社で書くことは別ですよね。

「だってこんなこと言ったら、会社で「会社を辞められますように」って言ってるようなもんじゃないですか」

「いや、ね、それより、もっと傑作なのはここなんですよ」

警備員さんは話好きのおじさんみたいで、近寄ってきて、青い短冊をちょっとつまみあげました。サインペンのちょっとしみた裏側には、確かにボールペンで何か書かれていました。

〝相手は年収二千万以上で。〟

「わ～！」

「ね～!?」

そこで警備員さんと私は、ほとんど同時に声を上げました。他人の願いごとにわーわー言うのも悪いなあと思いながら。でも、父子くらいの年の差がありそうな警備員さんと七夕でわーわー盛り上がることはなかなかない体験なので、ちょっと楽しくなってきちゃってる私もまたいたのでした。

「まったくもう、大したもんでしょう！」

「本当に思ってるのかしら？　本当は思ってないでしょう、この人！」

「いまはねえ、年収二千万なんてねえ、ちょっとした会社の役員でももらえないですよ」

「あっ、そうなんですか、へぇ～っ」

「本当ですよ。一千万円でも厳しいんじゃないですか、もういまは、いい時代が終わったからねえ」

「ああ、そうですかぁ」

頭のなかで空想上のバブル時代がはじけて消えました。まあ、一九八七年生まれの私に想像できるバブルって、平野ノラくらいなんですけど。

「いや、でも、いまの時代になっても、女の人はこういうことを言うもんなんですね」

そうつぶやいた私に、

「んっ？」

警備員さんは眉をぴくりとさせました。

「あ、いや。べつに、専業主婦が古いとかそういうことを言っているんじゃないんですよ。ただ、専業主婦（主夫）になってもいい、外で働いたっていい、男とか女とかなんとかじゃなく自分のやりたいことを選べる社会っていうのが、より豊かな社会なんだと私は思うんです」

そう警備員さんに話すうちに、なんだか私は、どちらかというとこの言葉を私自身に向けているような気になってきました。

「この人は、どうして〝年収二千万円稼ぎたい〟って書かないんでしょうね？　だって、会社に勤めていて、会社の七夕祭りで書く短冊なのに。どうしてかなぁ。二千万円稼いでいる人は、男の人ばっかりじゃないと思うんですよ……」

ぺらぺらとそうしゃべる私のなかに、なんとなくその問いへの答えは浮かび始めていました。

なんだか、あれよね。「働きたくない」「主婦になりたい」「年収二千万の男と結婚したい」って、JKが言う「眠い」「ダルい」と一緒なのよね。なんとなく「眠いね～」「ダルいね～」「働きたくないね～」って言っておけば、「ね～」っていうぬるい共感のなかに気持ちよくいられる。私は出し抜かない、私は蹴落とさない、私は裏切らない、私はがんばっちゃってる系じゃない。そういう〝敵意を持たれないためのポーズ〟が、まさに「働きたくない」なんじゃないのかと思うんです。

私は思い出します。十歳のあの日、初恋の女の子への想いを自分で押し殺して、何を願っていいかわからないままに「およめさんになりたい」と書いたあの日の短冊を。女として、私には、それ以外に生きる道がわからなかった。だけれども、わからないままに歩いていたら、いま、好きな女の子と生きている日々がある。年収二千万円はないにしても、とりあえずは思ってもないことを星に願わなくていい日々がある。

あの日の願いがかなわなくてよかったと、私は思うんです。

あれは、私の願いごとじゃなかった。ただ〝女は女を好きになっちゃいけない、女は働いたってきっと大して稼げない、女はおよめさんになるしか生きていく道がない〞って思ったから書いたことだったと思うんです。

「いやぁ〜、しかしねぇ〜、いまの時代はねぇ〜、難しいですからねぇ〜。〝年収二千万円稼ぎたい〞なんて、男も女も夢見られないいんじゃないですかね」

「そうですか」

頭のなかを、最近流行りの本たちの文句が通り過ぎていきました。年収が低くても豊かな生活。持たないことの幸福。ガツガツしない生き方。服は十着しか持たない。

「でも」

なんだかね、〝このくらいで満足しろよ〞って言われてるみたいで、人から言われるのは悔しいの、私。そういう価値観だってもちろんアリだけど、そういう本ばかり流行るのは悔しいじゃない。時代には、流されたくないじゃない。

「私は稼ぎたいと思いますね、年収二千万円」

次の仕事に向かう時間が迫っていました。

「それじゃあ、お疲れさまです」

「ハイ、お疲れさまです」

警備員さんと私は、笑顔で会釈を交わし合いました。

オフィスビルを背にし、山手線のホームに向かいながら、まぶたの裏にはいつまでも、あの青い短冊が残り続けていました。

同性愛者の見分け方ってあるの？

あなたには、こちらの画像に見覚えがあるでしょうか。

これは「石原式色覚異常検査表」という、色覚をテストするための図表の一部です。「学校の健康診断で見せられたことがある」という人もいるかもしれませんね。私は一九八七年生まれですが、小学校でやった覚えがあります。現在では、ほとんどの学校で廃止になっているそうです。

厳密には、きっちりと色を管理された印刷方法で正確に印刷された図表を使わないと検査はできないので、本書の画像でテストをすることはできません。しかしこちらの画像については、二〇一二年頃から、twitter 上でこんなデマが広がっていました。

「円のなかの数字が見えない人はＡＤＨＤだ」

「知能指数が低い人には見えない」

「字が見えたら統合失調症だ」

「いや、同性愛者だ」……

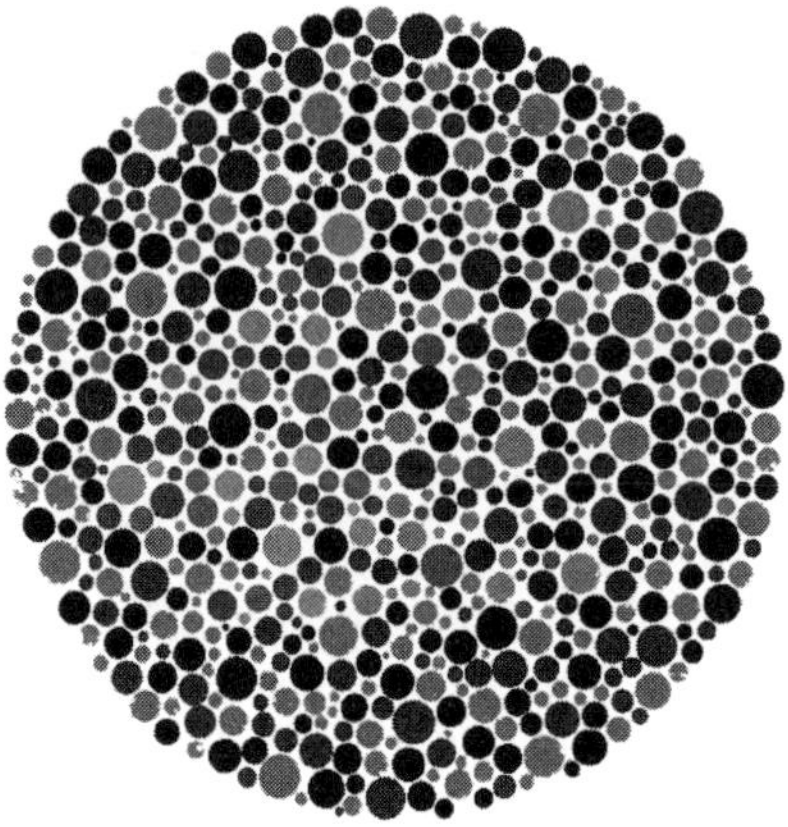

石原式色覚異常検査表

繰り返しますが、もちろん、これらはすべて根拠がないデマです。この画像単体では色覚検査はおろか、何の検査もできません。けれどもtwitter上ではだまされた人も多く、これによって多くの人が傷つけ合いました。

「自分は色覚異常当事者だけど、同性愛者なんかと一緒にすんなよ!!」

「えっ？　私は色覚異常がある同性愛者だけど、一緒にすんなってどういうこと!?」

「同性愛者の子を持つ親です。同性愛を精神疾患と同列に語るなんて差別的では」

「そういうあなたの発言こそが、精神疾患に苦しむ人を差別しているのではないですか？」

「こんなのにだまされるなんて本当に知能指数低いんじゃないのｗｗｗ」

「知能指数関係ないだろ、むしろお前の発言こそ程度低いよな」

デマでネタにされた同性愛、統合失調症、ＡＤＨＤ、色覚異常などの当事者が単純に被害者になるという構図だけでなく、誰も彼もがお互いにザクザク傷つけ合うような、本当に目も当てられない状況を呼びました。

実はこのデマ、現代医学で正常とされる色覚を持っている場合、診断結果が「同性愛者」となるように仕組まれているのです。もともとは英語圏で「ロシア陸軍の入隊検査だ」として広まったデマをベースにしているようで、「ロシア人＝同性愛差別」の偏見も感じますね。まったく、人間の醜いところを雪だるま式にモリモリ巻き込みながら成長していったようなお話でした。

そもそも同性愛は病気でないとされていますので、診断方法自体が存在しません。また、必ずしも見た目でわかるものではないので、見分け方も存在しません。わかりやすく同性愛者っぽい振る舞いをする人もなかにはいますが、同性愛者っぽいからといって同性愛者だともかぎりませんね。どんなことであれ、人間は見た目で判断しきれるものではありません。

しかし「同性愛者診断」や「同性愛者の見分け方」をうたうデマは、他にも山ほど出回っています。いくつか例を挙げていきますね。一つひとつ突っ込みながらいきます。

【ゲイ篇】

・人差し指が薬指よりも長いとゲイ。

カリフォルニア大学のマーク・ブリードラブ教授の研究が誤解されたデマです。研究は、〈ヒトが胎児期に浴びる男性ホルモンの量、指の長さ、同性愛〉の関係を調べたものでしたが、研究自体に批判も多く寄せられました。何より、教授自ら「指の長さだけで個人の性的指向を判断することはできない」と断言しています。

・ファッションにこだわり、ピンクや原色を好んで着るのはゲイ。

世界的ファッションデザイナーのドミニコ・ドルチェとステファノ・ガッバーナ、ファッション評論家のピーコなど、ファッション業界でゲイを公表している著名人が目立つために生まれたデマです。世の中にはファッション好きだけどゲイじゃない男性もいます。ダサいゲイもいます。当たり前です。

・銭湯で足首に鍵をつけている人はゲイ。

ネットが普及していなかった数十年前に、男性同性愛者同士のサインとして使われたものが転じて「同性愛者の見分け方」になってしまったデマです。現代ではいちいちそんなことをしなくても、特徴や目印を連絡しあえるので、徐々に使われなくなっています。またゲイうんぬん関係なく、単に「シャンプーするときに手首に鍵つけてると頭にかちかち当たってうざい」と思っている人だという可能性も高いですね。

・目がキラキラしているとゲイ。

なんというか……突っ込む気力も起こらないデマですね。「心が乙女だから」などともっともらしく説明されます。乙女でないゲイもいれば、キラキラした異性愛者もいます。キラキラしちゃう日もどんよりしちゃう日もあるのが人生だということに、性的指向は関係ありません。

【レズビアン篇】

・薬指が人差し指よりも長いとレズビアン。
「ゲイは人差し指が薬指より長い」というデマの男女逆バージョンです。
・深爪だとレズビアン。
「女性同士のセックスで性器を傷つけないように」という説明がされます。が、セックスのときに女性器を手で触らないレズビアンも、またセックスしないレズビアンも世の中にはいるわけで、爪だけでレズビアンを見分けられると考えるのは完全に誤解です。というか、医療・飲食・保育業界らへんだとみんな爪が短かったりして、そもそも使えない技ですしね。逆にネイル大好きなレズビアンだっています。
・左耳だけにピアスをつけているとレズビアン。
海外発祥のサインのようですが、気にしている人は一部でしょう。
・ファッションや髪形にアシンメトリー（左右非対称）を取り入れているとレズビアン。
これも海外発祥のようで、たぶん英語圏の有名レズビアンブログ「Effing Dykes」の記事からだと思います。ボーイッシュなレズビアンにアシンメトリーな髪形が多いことをネタにした記事でしたが、もちろん世の中にはボーイッシュでないレズビアンも、アシンメトリーが好きでレズビアンでない人もいますから、見分け方にはできません。

ということで、同性愛者の診断法や見分け方というのは存在しないというお話でした。
なぜ人は、「診断法」「見分け方」を求めてしまうのでしょう。病気ではないから診断基準がないし、外から見分けられるものでもない。それなのになぜ人は、同性愛者の「診断法」「見分け方」を求め続けてしまうのでしょう。

そもそも「同性愛者」という日本語は、同性愛を取り立てて区別する西洋の考え方が入ってきた明治まで、存在しなかった言葉でした。たかだか百五十年ほどの歴史しかない「同性愛者」という単語は、大きく分けて二つの使い方で広まったのだと思います。

一つは、「世の中には同性愛者という種類の人間がいるのだから、私が同性を愛するのもおかしいことではない」と同性愛を弁護するために。

もう一つは、「世の中には同性愛者という種類の人間がいて、彼らは〝普通〟の人と違い、例外的に同性同士で恋愛をするのだ」と、同性愛を他人事として切り離しながら説明するためにです。

だけれど、そういう分類はもう古いんじゃないのって、私は思うんです。「同性愛者という種類の人間」なんて、診断できるものでも見分けられるものでもないわけで。だからただ、自分は自分でいればいい。診断はいらない、見分けることもできない。自分を「同性愛者」だと言いたい人が自分でそう言えばいいだけ。それだけの話だって、そろそろ気づけばいいと思うんです。

世界にはただ、七十億人の人間がいて、一人ひとりが変わり続けている。同性を愛したり、愛した人がたまたま異性だったり、異性でも同性でもない人を愛したり、そもそも恋愛をしなかったり、愛ってなんだったか見失ったり、そしてまた愛を見つけたり——人間がいて、それぞれの愛がある。それだけでいいと、私は思っています。

芸能界で振りかざされる「プロなら脱げるはず論」

「私、脱がなきゃいけないお仕事だなんて聞いてなかったです……」

そう言って涙ぐむ女の子をまさか、現実で見ることになるとは思ってもいませんでした。

二〇一〇年頃、私は撮影会や雑誌グラビアなど、いわゆるアイドル系の仕事をしていました。事件が起こったのは、四十人ほどのアイドルが集められた、ある撮影でのことでした。あたりさわりのない撮影が終わった後、アイドルたちは共同の楽屋に集められ、こう言われたのです。

「それじゃ、次は水着で撮っていきま～す」

私は特に驚きもしませんでした。事務所からちゃんと「水着撮影もある」と聞き、了承していたからです。なのでレンタル水着として並べられたビキニには手をつけず、持参の水着にサラッと着替えました。それから鏡に向かってお尻を突き出し、無駄なホクロやなんやらにコンシーラーをたたき込む私に、ある現役女子高生アイドルの子がおずおずと話しかけてきたのです。

「あの……おりものシートとか、持ってらっしゃいませんよね……？」

恥ずかしそうな、いまにも泣きそうな声でした。

当時二十三歳、集められたアイドルのなかで最年長だった私は、仕事モードでお局様キャラを装いながらこう答えました。

「ないわね。あなた、アンダー持ってこなかったの？」（アンダー＝撮影時、水着の下に着用する下着）

「持ってないです……だって、私……」

そこまで言いかけるとその子は、私に別のフロアの女子トイレまでくるよう頼みました。そして、人目を気にしながら女子トイレのドアを閉め、こんなことを語りだしたのです。

「私、脱がなきゃいけないお仕事だなんて聞いてなかったんです。事務所から水着を用意するようにとも言われませんでした。同じ事務所の他の子たちは「レンタル水着もあるし、やる」って言うんですけど、私は高校生だし、水着のお仕事が学校にバレたら退学にさせられるかもしれないし……でも、ここで撮影断ったら、みんなに迷惑がかかるし……」

お局はブチギレました。トイレでブチギレました。もちろんＪＫにではなく、事務所にです。

「アンタ、いますぐここで事務所に電話しなさいよ！」

「もう他の子が電話したんですけど、「どんな現場にでも対応できてこそプロだ」って」

「はぁ!?　事前にちゃんと仕事内容を知らせてこそプロのマネージャーでしょうがって話じゃない!?　マネージャーじゃなくて社長に言いつけましょうよそれ、なんなら私が電話代わるわよ!!」

「いや、あの……」

「何よ！」

「えっと……言いにくいんですけど……」

「言ってよ！」

ブチギレのあまり声がでかくなる私を前に、誰かに聞かれていないかトイレの外をちらちら気にしながら、その子は言いました。

「社長なんです。「対応できてこそプロだ」って言ったの」

……。

うわあああああああ／(^o^)＼!!

いまでも、思い出すだけでブチギレです。

それだけでもブチギレなのにね、そんな話から五年たったいま、二〇一五年、よりによって私の好きなアイドルが、これに近い状況に遭ったと告発したのよ！

〝撮影のために水着の衣装合わせをし、ついに本番。しかしロケ地に用意されていたのは全然話と違う水着だった。なんの説明もなかった〟

……。

んあああああああああああ／(^o^)＼！！！

もうなんか、もうなんか、うわあああ！　そーゆーやつら、さっきの社長も含めて滅亡しろおおおお！　なんかめっちゃ大事な株主総会とかで突然ワイシャツの乳首部分だけ砕けちれえええ！

そして乳首だけ出た状態で大株主からワイシャツ代を渡されて「対応できてこそプロだろう？　ん？」って言われてコンビニに買いに走れ、このドクズ社長！

乳首だけ出た状態で！！！！

……と思いましたが、べつにそんなものは見たくもないわねってことで乳首社長は放置して、真面目に解決策を探りましょう。

こうやって「芸能界でやっていくなら急な衣装にも対応できて当然（キリッ）」とか、あげくの果てには「プロなら脱げるはず（キリッ）」とか言って、人が主体的に「仕事をやる」というプロ意識のあり方を否定し、「仕事をやらされる」状態を甘んじて受け入れてこそプロだとか言ってくるやつらのむちゃぶりをやめさせるにはどうすればいいのでしょうか。

私はこのような、〝これができたらプロとして認めてやるよ〟という上から目線でのむちゃぶりを「プロなら脱げるはず論」と名付けたいと思います。

こういうことは芸能界に限らず、別の業界でもこんな形であらわれていますよね。

「給料じゃなくてやりがいのために働いてるんでしょ？」（やりがい搾取）

「憧れの業界なんだから条件なんか問わずにがんばれるでしょ？」（キラキラ搾取）

そして、こうやって「プロなら脱げるはず論」とか「キラキラ搾取」みたいなむちゃぶりがいまだに横行するのは、次のようなおこないのせいだと思うのよ。

①自分のことを上だと思っている人間が、「自分にとって都合がいいか否か」の価値判断をキラキラした言葉に言い換える。例：「体当たりの濡れ場を演じてこそ本物の女優だよ！」

②自分のことを下だと思っている人間が、主体的に仕事をやる意識を持てず、過剰な「やらせていただいている」意識で動く。例：「本当は脱ぐべきじゃないと思うけど、せっかくオーディション

でつかんだ大役だし……」

もう、もうね、もうやめましょう。本当に本当に、うんざりよ!!

だからね、プロとして仕事をするなら下手に出ちゃダメよ。下に見られるから。上から物言っちゃダメよ。背伸びがバレるから。どっちが上とか下とかに気を取られ、それぞれが前を見られないようじゃ、絶対にいい仕事なんかできないじゃない！

私は見てきたわ。アイドルバラエティの構成台本に、例として書かれていためちゃくちゃエグい下ネタのセリフを、「これは正直どうかと思う。でも、台本を書く人のほうが私みたいな新人なんかよりエライんだからちゃんと暗記して言わなくちゃ」って一言一句そのまま言っちゃった結果、〝フィストファッカー麗子（仮名）〟的なあだ名を付けられたアイドルの子を。もちろんファンも引いちゃったし、アメブロのコメント欄も荒れたわよ。ほらね。上下関係に気を取られるより、前を見てどう面白い番組にするか考えたほうが、ずっとお得だったはずでしょう。

「自分なんかにはモノを言う権利がない」って決めてるのは、上の人じゃない。自分なのよ。新人だからって、下っ端だからって、自分の価値を自分で低めちゃったら自分のことがもったいないじゃない？

もう私は誰にも、「プロなら脱げるはず論」なんかにだまされてほしくないの。

芸能界に限った話じゃないわよ。上に立つことに必死な上から目線のやつらに苦しめられたって、前に進めばいつの間にかそんなクズどもの支配域からは抜け出ているものよ。

あのとき「脱ぐ仕事だなんて聞いてない」と泣きそうになっていたＪＫ含むアイドルたちに「プ

ロなら脱げるはず論」を振りかざした事務所社長には、こう言ってやるべきだったんだわ。

「脱ぐ脱がないで人を判断する程度のやつらに、プロ扱いされなくても結構よ」って。

フランスのレズビアン向け出会い系サイトにハマった

最近、フランスのレズビアン向け出会い系サイトにはまっています。ヤバイんです。もう、ヤバイ。何がヤバイって、何もかもフランス語で書かれているところがヤバイ。いや、当たり前じゃんって思われるでしょうけど、具体的にどういうのがヤバイかっていうと、つまりこういう投稿なんですよ。

「私のプリンセスを探しています……」（オスカル系女子の自撮りを添えて）

ギャー！！！！！！！！！！！！！！！

やだ！　もう、ズルすぎるでしょこれ‼　伝わる？　伝わってる⁉　だってフランス語で「私のプリンセスを探しています」って、「ジュ・ヴ・トゥルーヴェ・マ・プランセス（Je veux trouver ma princesse)」よ⁉　夢あふれすぎてない⁉　「あれ、ラデュレの新作マカロンの名前かな？」みたいな響きじゃない⁉　すてき！　すてきすぎて死ぬ！　すてきが致死量！！！！！

でもそこはフランスなので、やっぱりこういう返信がつくわけですよ。

「エクスキュゼ・モワ（すみません）。あなたの夢を壊すようで悪いんだけど、フランスは革命を経て王政ではなくなったのよ。レズビアンなプリンセスは、もういないの……」

マ～ジ～レ～ス～フォーー！！！！！！！！！！

そんなわけで夜な夜な、画面の前でレイザーラモンHG級のテンションブチ上げ状態になっています。ここでは、フランスのレズビアン・コミュニティを見ていて面白かったことをいくつかお話ししますね。例えば……フランスには、日本と違ってレズビアン用語が少ないんです！　日本のレズビアン向けイベントにいく前に、私が必死で覚えたのは次のようなレズビアン用語たちでした。

・タチ（性行為などで能動的な側。ＢＬで言う「攻め」に近い）
・ネコ（性行為などで受動的な側。ＢＬで言う「受け」に近い）
・リバ（タチでもネコでもリバーシブルにいける人）
・ボイ（ボーイッシュの略、男性的な装いや振る舞いをする人）
・フェム（フェミニンの略、女性的な装いや振る舞いをする人）

二〇一六年現在でこそ、「いちいちそういうレズビアン用語使わなくてもよくね？」「そもそもそうやって男女に当てはめて考える必要なくね？」的な人も増えてきているのですが……。少なくとも私がはじめてレズビアン向けイベントにいった二〇〇〇年代後半くらいまでは、「自分のことを「ボイタチです」とか「フェムリバです」とか名乗れないとなじめない雰囲気」がなんとなく漂っていたように思います。

でも、フランスのレズビアン向け出会い系サイトを見るかぎり、このようなレズビアン用語はほぼ皆無。初心者お断りの雰囲気はなく、次のようにとってもオープンです。

・登録画面の選択肢で「異性愛者」を名乗れるようになっている。

・「タチ」「ネコ」にあたる言葉がフランス語には存在しない（フランス語で表現できないこともないですが、あえてレズビアン用語としては存在しないということです）。

・「ボイ」「フェム」のような一般的でない言葉遣いはせず、「男性的」「女性的」というように一般的な言葉遣いで表現する。

あと、セクハラ発言を許さない、みたいな真面目な話もありました。例えば、こんな画像が出回っています。

「君たちレズビアンなの？　そっちが男役でこっちが女役かな？　でも、どうやってヤるの？　ちんこ付いてないじゃん！　舐めるってこと？」

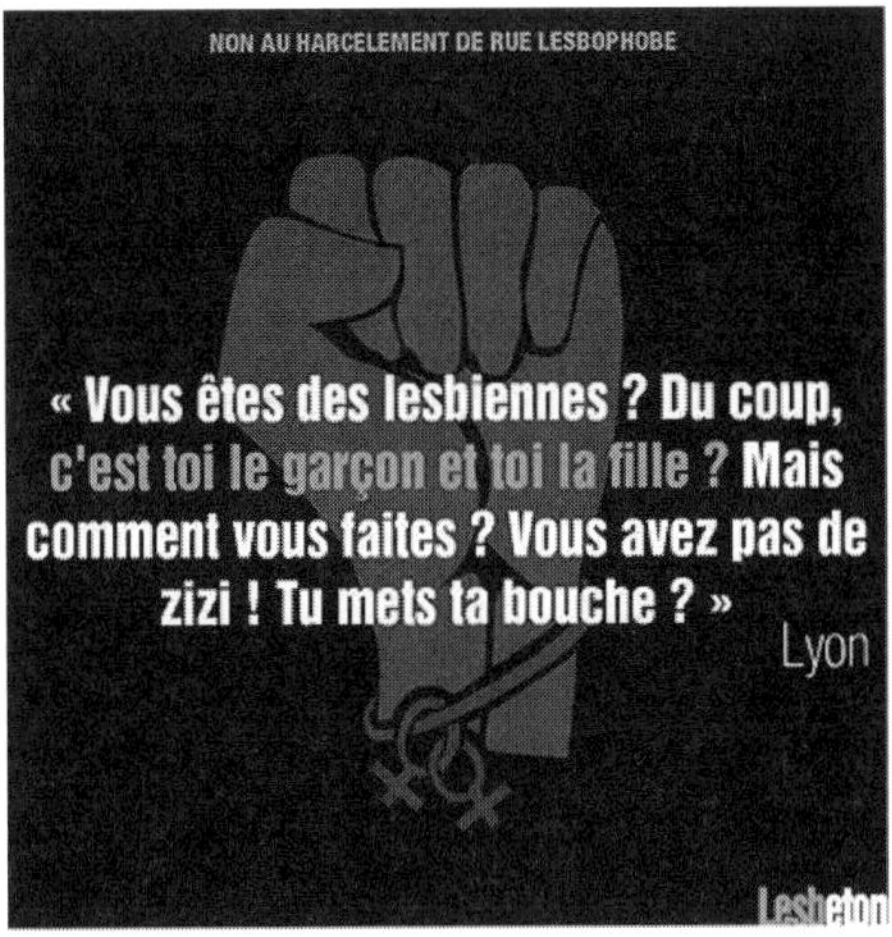

セクハラ発言を告発する運動

……フランスのリヨン市の路上で、レズビアンカップルが通りすがりの人から実際に言われたことを、こうして告発し、SNS上で回覧していくことでなくしていこうという活動です。

レズビアンというだけで、まったく知らない人から性的なことを突然言われる。こういう行為はフランス語で「harcèlement de rue lesbophobe（路上でのレズビアン嫌悪ハラスメント）」と名付けられ、ウェブサイト「Lesbeton」などを拠点に抑止活動がおこなわれています。

同性婚ができるとしても、めでたしめでたし、にはなっていない。まだまだこうした活動が必要とされるなかでも、女性を愛するフランス女性たちは、決して黙らせられることなくのびのびと言いたいことを言っているみたいです。

お姉さんたちの誘い文句も、またフランスらしいエスプリがいっぱいでした。例えば、私がフランスを感じたのはこのあたりの書き込みです。

「連絡くれちゃダメ。私は意地悪よ♡」

「ケーキは嫌い。ショコラも嫌い。リキュールがかかったクレープも嫌いだし、紅茶に浸したマドレーヌも嫌い。私が好きなのは……女の子の甘いくちびるだけ！　うそうそ、冗談よ。本当はパスタも大好きだけど」

「（車椅子の女の子が自撮りとともに）誰か、お話ししましょ！」

返信1「べつに差別とかじゃないんだけど、質問していい？　なんで車椅子になったの？」

返信2「なんでそんな質問ができるほど無神経な性格になったの？」

返信3「まぁまぁ、お嬢ちゃんたち、みんな落ち着いて。車椅子に乗っていようがベッドに乗っていようが、女の子は女の子でしょ。それだけですばらしいことよ」

女の子「みんな、どうもありがとう。まぁ、私は簡単に誰かとベッドをともにしたりしないけどね♡」

はぁ……よかった。フランス語を勉強してきてよかった。もちろんフランス語だけではなく、それぞれの国で、それぞれの言語で、それぞれの愛を今日も女の子たちは語り合っているのだと思うと、なんか……なんていうか……叫びたい気持ちです。

地球に生まれてよかったぁーー!!

パフォーマンスとしてのハピネス

赤ちゃんの自分を想像してみてください。

揺りかごに寝かされて、ゆらゆらっと揺らされるところを。

あなたはどんな反応をすると思いますか？

きゃっきゃと笑うでしょうか。

気持ちよく眠ってしまうでしょうか。

赤ちゃんの私は、泣く子だったそうです。楽しく笑うとか、安心して眠るとかじゃなく、泣く子だったそうなんです。

その話を聞かされて、また、泣きそうになっちゃったんです。どうして自分は明るくいられないんだろう。どうして自分は後ろ向きなんだろう。自分は、生まれつきの、魂みたいな部分が暗いんじゃないか、って。

好かれるために笑うことって、あると思う。楽しくないのに、無理して笑って。また、泣くことが許されないから笑うってことも、あると思うんです。

「ほらほら笑えよ、これだけしてやったんだ、うれしいだろ感謝しろ」

「グズグズするな」

「空気を壊すな」

「お前ばかりがつらいんじゃない」

「自分が幸せそうでいなくちゃ、自分を慕ってくれるみんなまで不安になってしまうんだ！」

こんなことを人に言われたり、自分で自分に言ってしまったりしていて。

もういいんじゃないかな？って言いたい。


私にはいま、あなたが見えません。だから私、あなたに、「泣いてもいいんだよ。無理して笑わなくていいんだよ」みたいなこと、軽々しく言えないと思う。

だけどね、私、あなたの前で無理して笑わないことなら、できます。

いままで私は私自身に、こういうこと言う役割を押し付けてきた。「苦しかったけど乗り越えて幸せになれたわ。だからあなたも大丈夫よ」。でも私、べつにね、まったくハッピーエンドを迎えてないわけ。

生きてるの。毎日幸せなんてこと、ないわ。日々、新しい苦しみが生まれ、新しい喜びが生まれ、沈んだり浮いたりして流されるなかを、泳いでます。なんとか、泳ぎたい方向へ。そういうわけで私、幸福にも不幸にもとどまっていないんですよ。ただ、生きてるの。

だから、読んでくれるあなたには、ちゃんと書きます。ハッピーエンドを迎えたふりをせずに。

「今日から明るい子になろう」って、決意したのは転校したときのことだったと思う。十一歳だったかな。私、自分を好きになりたかったのね。

前の学校にいた子からもらったお別れの手紙にはこう書いてあった。

「牧村さんはいつも本を読んでいて友達と遊ばないけど、新しい学校では友達を作ってね」

えっ、なんで？ って思った。ああ、それが正解だからか、って思った。お友達と仲良くできる明るく元気な子――それが、社会が期待する子ども像なのか、って。

私、一人静かに本を読んでいるの、好きだったのよ。「友達がほしいよう」とは思っていなかった。ちょっと、体育の時間に「はい、二人組になって!!」って言われるのがキツイだけで。でも、これからは転校生。転校生という存在に周りの人は、新しい友達を見つけてなじむことを期待するでしょうね。それじゃあ、その期待に応えなくちゃいけないかなあ、と思いました。

期待に応えながら生きれば楽だし褒められる、という気がしたの。私は鋭敏に空気を読み、正しいとされる子ども像に自分を合わせました。学校で靴隠しがあれば、告発し、犯人を探した。いじめを受けている子がいれば、一緒に下校した。暴力を振るう子がいれば、椅子を振りかざされてもクレヨンを全部折られてもやり返さず真っ向から注意した。正義のメガネ優等生でした。

でもなんかいま、書いてて、吐きそうになっちゃった。結局、私、他の子を演出道具に使ってただけよね。ある日の帰り道ね……みんなに疎外されて、いつも一人きりでポツンと帰っていた子が、私と一緒に帰るようになって三日目くらいのある日の帰り道ね、その子、私に、こう言ったのよ。

「お友達になってくれてありがとう」

怖くなった、すごく。このことを思い出すと、いまでも自分が憎いの。なんて半端なことをしたんだろうって。私は、その子を友達だと思ったから一緒に帰ったんじゃない。一人きりでいる子を一人きりにしないという、正しい子どもの正しい行動をしたくて一緒に帰っただけだったのよ。それって、なんて自己中心的で、中途半端で、相手に失礼な、ひどいことだったろうかと思う。自分が、自分であることが、心底いやになった。

それで、芸能界に憧れたのかもしれない。芸名を名乗って、自分じゃない誰かになれると思ったのね。

それに、芸能人って、ただ存在するだけで人を幸せにしたりするじゃない。私、杉本彩さんの芸能事務所にどうにか入れていただいて、杉本彩さんの後ろについていたらね、杉本彩さんとすれ違った人が、「わぁ！」って、すごくうれしそうな顔をするのを見たんです。「今日、杉本彩見た！めちゃくちゃキレイだった！　ラッキー！　明日もがんばれる！」だなんて twitter に書き込んでいたりね。

芸能人に興味がない方だってもちろんいるでしょうけど、興味がある方にとってはね、芸能人って、四つ葉のクローバーみたいなパワーを持つ存在なわけ。「見つけただけでラッキー！」みたいな。それ、すごいなって思った。私も、誰かの四つ葉のクローバーになりたかった。

いろんなオーディションを受けました。レッスンを積んで、先輩方の仕事を見て学びました。だけど、いろんな現場にいけばいくほど、思うのよ。「私、向いてないな」って。「どうして上手に笑えないんだろう」って。

売れている芸人さんやタレントさんって、私には、生まれつきの人気者に見えたんです。生まれ、生きてきた道が違う。明るい魂を持って生まれ、輝いて生きてきたこの人たちと、暗い魂を隠し必死にキラキラしようとしている私じゃ、光の量が違うのは当然なんだわ、って。

売れたいです。

いろんな人のtwitter、Facebook、Instagramを見ました。毎日、まぶしい笑顔の写真をツイートするタレントさん。Facebookに出身校を登録したせいで、探さなくても出てくる元同級生たちの結婚、出産、家族でお出かけの写真。「苦しかったこともあったけど、これが自分らしさだから」って、ビーチでビキニで両手を広げるモデルさんに、「きれい!」「私もまたHAWAII行きたい」みたいなコメントが殺到するInstagram。

私も自力で光らなきゃ。発光しなきゃ。暗い魂を持って生まれたからって、暗いままで生きてたら誰にも見つけてもらえない。そんな思いで、私もなんとか、日々の幸せを見つけ、それを発信しようとしました。

それに、「レズビアンであることをカミングアウトした牧村朝子さん」って紹介を受けてメディアに出ていたから、意地でも笑っていたかったの。「苦しくてもがんばっているマイノリティの姿に感動しました!」みたいな扱いを受けるの、まっぴらだもの。「性的マイノリティとして苦しかったことを教えてください」みたいな、苦しんでいる前提の質問をされることもあったけれど、そんなのに引っかかってたまるかって思った。それでこんなふうに答えていました。
「私には私の苦しみがあるだけです。性的マイノリティとされる人全員が苦しんでいるわけではないですし、また、私は私の苦しみを「自分が性的マイノリティであるせいだ」とは考えません。ただ、理解されなければ、理解してもらおうとするだけでなく、理解しあおうと努めるだけです。そして困りごとがあれば、自分だけのせいにせず、制度の不備を指摘し、改善方法を提案するだけです」って。

自信満々の笑顔で。

強くて、優しくて、幸せな人でありたかった。「お金持ちの男性を捕まえて結婚してママになる」っていうルートの外にだって幸せを見つけて笑っているお姉さんになりたかった。だって、私が、子ども時代にそういうお姉さんを欲していたから。「私もああいうふうになれるかもしれない」って思える、幸せの見本が欲しかったから。「人前では笑ってなくちゃ、泣きたいなら一人にならなくちゃ」。そう思っていました。

あなたにも、あったでしょうか。好かれたくて笑う日が、嫌われたくなくて泣けない日が。もしくは、「女なら愛想よく笑え」とか、「男なら泣くんじゃない」とか、性別という檻に気持ちがとらわれることもあったかもしれない。そういうの、ずっと続けてると、わからなくなるんですよね。自分の気持ちが。

というわけで私は、私の幸せが、パフォーマンスにすぎないのではという疑念にさいなまれました。

パフォーマンスとしての幸せ。
誰かに憧れられるための幸せ。
人に心配させないための幸せ。
見下されないようアピる幸せ。
手に入れた気になりたい幸せ。
ＳＮＳのフォロワーを増やすための幸せ。

それはまるで、「おいしい果物を見つけたのに、味わうことなくあちこちの人に見せに回っていたらそのうち腐っちゃった」みたいな状況だったのだろうと思います。幸せの果実は、確かにそこにあったと思う。なのに、それを味わっていいのだという許可を自分に与えられなかったのです。「りんごは赤いほうがいいって常識でしょ」と言われて、「でも私は青りんごが欲しいんだもん」ってもぎ取ったつもりでした。それで本当にうれしかったはずなのに、「見て見て、こんなに赤いりんご！」ってみんながアピールしてる気がして、なんだか、私も対抗しなきゃいけない気がしたんです。

ねえ見て、転校先でも、こんなにうまくやってるんだよ。
（本当は一人で本を読んでいたい）

ねえ見て、同性婚して、こんなにうまくやってるんだよ。

（本当は結婚こそハッピーエンドという価値観に従いたくない）


幸せをパフォーマンス道具にしていたら、味わう前に腐っちゃうのね。

パフォーマンスとしてのハピネス（幸せ）が、あっちこっちでチカチカ光っているなあと思って私は見ています。

「さみしい独身でしたが、この結婚相談所で結婚できました。幸せ」

「迷ったけど、本当にやりたいことを見つけて起業しました。幸せ」

「最底辺から努力を重ねて、やっと名門校に合格したんです。幸せ」

「体型がコンプレックスでしたが、このサプリで痩せました。幸せ」

いいことだと思うんです。幸せだって言えるのは。でも、それがパフォーマンスになっていないかということは、いつも振り返りたいと私は思います。具体的には、こんなふうに。

①赤いりんご
一見、まさに正解のように見えるけれど、実は自分じゃない誰かの価値観で正解とされているにすぎないこと。例えば、結婚、起業、受験、ダイエットなどを、本人が心から望んでいるわけではないのに、誰かに勧められたり、そうしなければ不幸になると脅されたりしながら目指すような場合。

例えるなら、「本当は青りんごが好きなのになあ」という気持ちがあるのに、「りんごは赤いほうがおいしいに決まっている」という価値観に合わせてしまうというような状況。

②青いりんご

価値観の押し付けに負けず、自分の信念を貫いて好きなものをつかみ取ったがために、悪いところを隠していいところだけを見せ、「これが正解でした」とアピールしなければいけないような気になってしまうもの。人に反対された結婚や、結婚しない生き方を貫くこと、一般的とされない進路を選ぶことなど。

例えるなら、「みんなが「赤りんごっておいしい」「こんなに赤いりんごを見つけました」って言ってるけど、自分は青りんごが好き。「他人と違うアピールをしたいだけでしょ」「青りんごなんて酸っぱいに決まってる」って否定されるせいで、大好きなはずの青りんごに虫食い穴があいていて悲しくても誰にも言えず、他の青りんご好きにも申し訳なく、ただただ「青りんご最高」としか言えない」みたいな状況。

いいんですよ、どっちだって。私は、どっちも経験しました。優等生であるという赤いりんご。異性でなく同性を愛するという青いりんご。どっちがいいとか悪いとか言うつもりはありません。

でも。

それを他人にばかり見せてないで、自分で食べます、私。赤いりんごがおいしくないことだって、青いりんごに傷を見つけちゃうことだって、そりゃ、あるわよ。でも、「こんなにすばらしいりんごを持ってて幸せです」とか「傷を見つけちゃって不幸だわ」にとどまる気はないの。

食うのよ！

生きていくなか、たった一つくらいの経験で、幸せか不幸かに固定されてしまわずにいようと思うの。一般的に幸せとされる経験でも、不幸とされる経験でも、とにかく、他人にアピるばかりでなく、自分で味わいたい。そして、明日に生かしていきたいんです。

生まれつきよく泣くからって、なによ。生きてれば笑うこともあるのよ。

生きてたら笑わなくちゃって、なによ。笑わなきゃいけないから笑うことだってあるけど、自分の心が笑ってるのか泣いてるのかくらいは、自分で見失わないようにしたいわ。

パフォーマンスとしての幸せ。ひた隠す不幸。幸せな人だと思われたい気持ちは仕方ないかもしれないけど、私はちゃんと、幸せと思えない経験にも向き合いたい。自分は幸せだというパフォーマンスで、ほかならない自分をだましてしまうことを、もうしたくない、と思うのです。「幸せに暮らしましたとさ」を最終ページにしてしまわないために。まだまだ、生きて、いまからは想像もつかない物語の続きを書き継いでいくために。

物語の続きを

「〝脱婚〟して、事務所からも独立。どうしてそうしたのか、書いていただけませんか？」

そう言っていただいてから、そうだなあ、半年くらいたっていると思うのですけど。書いては消し、悩んでは思い直し、行きつ戻りつしてきました。

一時は、これらのことにいっさい触れずにこの本を完成させることも検討しました。でもなんかそれ、あなたに隠しごとしてるみたいな気持ちにもなっちゃうのね。いいとこだけ見せたい、みたいな。

だからいま、書いています。一人で、よく晴れた九月の海に向かって。「一人ぼっちじゃない、一人の人」として立つためにはどうすればいいのかを考えながら。

私が、七年間お世話になった芸能事務所・オフィス彩からの独立と、「結婚制度の利用を取りやめて別居するが、愛する人を変わらず愛していく」という〝脱婚〟について公表したのは、二〇一七年三月のことでした。このことで、私に直接言わないまでも、いろいろと噂をする方がいらしたのを、たゆまぬエゴサで私は見ていました。

「やっぱり同性愛者は関係が長続きしないんだな」

「レズビアンカップルとしてメディアに出て注目されたかっただけ」

「LGBTとしての責任を果たしていない。同性婚してすぐ別れるのは同性婚反対論者の利用材料になるのだから、他のLGBTに迷惑だ。慎め」

「自分の都合で一方的に離婚したってこと？　相手がかわいそう」

「売れなくてクビになったのを独立って言ってるだけでしょ」


これらをベッドからスマホで眺め、私は、吐いていました。文字どおり、吐いていました。胃の入り口が引きつれ、白血球値が、何万だったか、とにかく異常値に跳ね上がるほどの極度のストレスにさらされていました。診断は、ストレス性胃炎と自律神経失調症。「かわいそうなアタシ」ぶるようだけど、ただでさえ一大決心をしてエネルギーを使ったのに、そのうえ好き勝手な噂話のネタにされているのを見たら、そりゃ、さらにエネルギーを消耗するのは当たり前のことだったと思います。

睡眠薬、抗うつ剤、胃薬。眠れないし、食べても吐いてしまうので、なんとか処方薬でしのぎました。やっと、眠れて、食べられるようになると、今度はまた新たな課題に立ち向かうことになりました。孤独と、復讐心です。

まず、本当のことをはっきりさせておきますね。

事務所から出たのは、私自身の意思です。

私が、契約終了通知書を自分で書きました。


離婚を申し出たのは、私ではありません。

最初はつらかったけれど、相手と話し合い、相手の意思を尊重しました。


そして、それを脱婚と呼んだのは、相手と私です。

私が相手の話を聞き、「つまり、あなたは私からではなく結婚制度から離れたいのね」ということを確認して、「離れる」という字を使う「離婚」ではなく「脱婚」であるという合意に至ったものです。フランス語にはすでに「脱婚」(démariage)という言葉が存在するらしく、この言葉を書名にした本も出版されていて、「神聖かつ不可侵だと思われていた結婚制度をあらためて社会制度の一つとしてとらえ改良しようとする」とか「結婚とはこういうものである、という価値観に合わせるのではなく、あくまで本人同士の個人としての価値観をすり合わせて関係を続ける」みたいな意味で使われているというのも、後から知ったことでした。

でも、それにしたって、ねえ。単純に、孤独を感じたわよね。事務所の寮を出て、一人暮らしを始めることになったわけだけど、なんだか部屋がシーンとしていて。「ただいま」も「おかえり」もなくなるし、食事も無言で食べるからやたら早く終わるし。

それに、「尊敬する女優さんのもとを離れるのは裏切りなのではないか、自分は裏切り者だ」っていう罪悪感にもさいなまれました。そしてそういう苦しみを、誰かのせいにしたくなるわけ。ものすごい復讐心に燃えましたよ。「私がこうせざるをえなくなったのは、あいつと、あいつのせいだ。全部、エッセイのネタにしてやる。押さえた証拠をあいつがいちばん困る場所に持っていってまき散らしてやる」って。自我のコントロールを失う寸前だったのね。

気づいたら私は外にいて、すっぴん、メガネ、部屋着で、財布もスマホも何も持たずにいました。私はなんだか、ずんずん歩きだしたい気持ちになって、どこへともなく歩いていきました。

そしたらね、不思議なことが起こったのよ。人生に何度か起こる、説明がつかないことの一つが。気づいたら、知らない神社にいたのね。はじめてくる、人がいない小さな神社でした。で、看板が立っているの。その神社の由来が書いてあるのね。なんだか読みたい気になって、私は読み始めました。そしたら、こんなようなことが書いてあった。

「ここに祀られている女性は、生前とても立派な人だった。結婚し、家族を支え、よく働いて、すばらしい女性としてみんなに憧れられた人だった。だからとても有名で、後世、演劇作品のモデルにされることになった。けれども結局、できあがった作品のなかでは、おどろおどろしい怪談のなかの醜い幽霊にされていた」

あなたもご存じかもしれない。そこは、男を呪い殺す女幽霊として描かれた、お岩さんの神社だったのね。怪談では、片目が腫れ上がった姿にされていますでしょう。

翌日、私も片目が腫れたの。

私、まさにお岩さんみたいな顔になってた。眼科のお医者様に診てもらいながら、なんだか、不思議とうれしくなっちゃった。ああ、たぶん、お岩さんが教えてくれたんだわって思うことにしたの。「醜くて、恐ろしくて、おどろおどろしいものだというふうに思える何かでも、ちゃんと自分から向き合ってみれば、本当の姿が見えるものなのですよ」って……幽霊なんかじゃなく一人の女性だったお岩さんに会いにいって、やっとわかった気がしたの。

うらめしや～。

うらめしや～。

って、復讐を企てる私は、本当の私の姿じゃなかったんだと思えた。

確かに、〝脱婚〟、そして独立にあたって、私にいやなことを言ってきた人はいますよ。でも、そいつらに時間と労力を割くくらいなら、私、ずっと愛してきたあの人を愛し、ずっと敬愛してきたあの人を愛そう、って思ったの。

私には、いま、あなたが読んでくださっているこのページを、私の個人的復讐に使うこともできたわけよね。ギリギリ編集を通るくらいの感じで、一方的な暴露本に仕立て上げてしまうこともできたわけ。でも、それ、やっぱ、私の書きたいものじゃないの。私は、誰かをネタにして原稿料をもらうような仕事をしたくないのです。私が、私を好きでいるために。そして、私に加害行為をはたらいたと自ら認めたあの人たちが、いつか人を利用しなくても幸せになれるように。

人に傷つけられたってこと、人を傷つける理由にはしない。……って、胸張って書いてるほうが、ずっと気持ちいいもの。私かっこいいって思えるもの。自分の心の闇を抜け出せるように、復讐に労力を取られずよりよい明日へ歩き出していけるように、それでもつらいときに何度も唱えられるように、こんな短歌を作って、暗記しました。

夜を歩く
あの部屋の灯に背を向けて
「わたしを傷つけられると思うな」

……いまはやっと、腑に落ちた気がするんです。

私が憧れ続けた女優さんは、早くに個人事務所を立ち上げ、自立して生きる背中を見せてくださった方だと思っています。その背中を本気で追うには、やはり、事務所やその女優さんの名前に甘えないで自立することだったのだと思う。独立したことで、「こんなに仕事がんばったから認めて!」っていうメンタリティから脱することができました。関係者に認められるためではなく、読者や視聴者に喜んでもらうために仕事をすることができるようになってきました。

それに、私が愛した人たちだって、結婚制度を使えなかったときから愛してきた人たちだったもの。私が愛した人がフランス国籍だった関係上、日本国籍である私は、フランスの結婚制度を使わせてもらえずに一度日本に帰されて引き離されてしまいました。なので、フランスでの同性婚法制化後、結婚制度を使ったのです。いろんな考えがあるでしょうが、私たちにとっては結婚って、「行政お便利パッケージ」として使うものだったと言えばいいかな。とはいえさすがに、脱婚にあたり、「離婚」と書かれた書類を処理したりするのは精神的負担がありましたけど……。でもいまは、「書類を終わらせたから遊ぼう」って、宿題を終えた子どもみたいなことを言い合ったりしています。離婚手続き後、義父母もこう言ってくれました。

「私たちは、同性婚法制化前、あなたが結婚制度を使えなかった頃から、あなたのお父さんとお母さんです。確かに、離婚手続きを終えたら、法律上は義理の娘ではなくなるかもしれない。けれども、それならあなたをもう一度、私たちの娘として迎え入れましょう」

すごく、うれしかった。そんな言葉たちを胸に、いま、一人で暮らしています。

あなたもこれから、復讐心に燃えることがあるのかもしれない。でもそしたら、まず、十分に深呼吸して、時間やお金や心遣いを自分自身のためにして、それで、ちょっと思い出してみてほしいなって思うんです。お岩さんにも本当の姿があったのよねって話を。

あなたもこれから、孤独に震えることがあるのかもしれない。でもそしたら、……んー、そうだなあ、あなたも含めたたくさんの人たちの物語の、最新ページをいまあなたが執筆中だと考えてみてください。例えば、さみしくてスマホ開くじゃない？　あなたが知らない誰かも同じように誰かとつながりたくて、スマホってものやアプリってものや、もっと言うと文字ってものを開発したから、いま、あなたの手のなかにスマホがあるわけよね。あなたがいまこの瞬間を迎えるまで、無数のいのちが継がれ、無数の問題にぶつかり、それにそのつど向き合ったり挫折したりやっと解決できたりしながら、何もかもが積み上げられてきた。それで、文字があり、言葉があり、水道があり、電気があり、社会制度があり、愛とか自由とかいった概念があり、そうした何もかもに囲まれている、あなたがある。それって、けっこうすごくない？　「いや、生まれたくて生まれたんじゃねえし」って思うかもしれないけど。とにかく、積み重ねられた膨大なページがあり、これから書いていく白いページも先に続くって考えると、少なくとも私は、孤独どころかめっちゃ心強い気持ちになれるのよね。私、顔も知らない誰かの物語の続きを生きてるんだって。

さて、これから、どうしよっかな。

私がこうして本を書き、出版できるようになるまでに、どれだけの人たちがいままでのところを書いておいてくれたのかと思うと、一人暮らしなのにパーティーみたいな気持ちになるわ。詩人・金子みすゞは夫に書くことを禁じられたそうだし、同性愛が治療対象でないと証明してくれた学者のエヴリン・フーカーだって、「女子学生を大学院に推薦するのは大学の恥だ」とか、「女性学者が男性学者に歯向かうんじゃない」とか言われていたらしいのよね。それでも書いた人の詩を胸に、それでも研究した人の業績を参照し、私も、書いている。昔の人たちのいろんな夢と悔しさが込められたバトンを受け取って、いま、走るみたいな気持ちよ。次の走者のところまで。私もいつか死ぬ。ならば、めっちゃ生きてやろう、って思うのよ。

家のために、世間体のために、望まない結婚を強いられた人たちの血が、私にも流れている。だから、ハッピーエンドに殺されないわ。今度こそ。

わかりやすい幸せに別れを告げて、いま、物語の続きを始めるときなのです。

本書で言及した書籍などの一覧

ウェブサイト

「cakes」(https://cakes.mu/)

「女と結婚した女だけど質問ある？　第一回　同性愛は治るものでしょ？」「cakes」(https://cakes.mu/posts/5086)

「女と結婚した女だけど質問ある？　第三十九回　子どもができないと分かっていても……」「cakes」(https://cakes.mu/posts/7731)

「世界は「ふつう」じゃない――岩井志麻子×牧村朝子対談」「cakes」(https://cakes.mu/series/3065)

「Effing Dykes」(http://effingdykes.blogspot.jp/)

「Lesbeton」(http://lesbeton.tumblr.com/)

書籍

武内直子『美少女戦士セーラームーン』全十八巻（講談社コミックスなかよし）、講談社、一九九二―九七年

ＣＬＡＭＰ『カードキャプターさくら』全十二巻（ＫＣデラックス）、講談社、一九九六―二〇〇〇年

さいとうちほまんが、ビーパパス原作『少女革命ウテナ』全五巻（フラワーコミックス）、小学館、一九九六―九八年

牧村朝子『百合のリアル』（星海社新書）、星海社、二〇一三年

牧村朝子『百合のリアル 増補版』小学館、二〇一七年

Fritz Klein, *The Bisexual Option*, Arbor House, 1978.

牧村朝子『同性愛は「病気」なの？――僕たちを振り分けた世界の「同性愛診断法」クロニクル』（星海社新書）、星海社、二〇一六年

Kat Harding, *The Lesbian kama sutra*, Carlton, 2004.

James H. Jones, *Alfred C. Kinsey: A Life*, W. W. Norton & Company, 2004.

論文
Naeimeh Tayebi, Katayon Yazdani and Nazila Naghshin, "The Prevalence of Congenital Malformations and its Correlation with Consanguineous Marriages," *Oman Medical Journal*, 25(1), 2010, pp. 37-40.

新聞
The Guardian

ゲーム
『ファイナルファンタジー』スクウェア↓スクウェア・エニックス、一九八七年―
『スーパーマリオブラザーズ』任天堂、一九八五年―
『バーチャファイター』セガ、一九九四年―
『デイトナUSA』セガ、一九九五年―
『LUNAR――シルバースターストーリー』ゲームアーツ、一九九六年
『ファイナルファンタジーⅦ』スクウェア、一九九七年
『ドラゴンクエスト』エニックス↓スクウェア・エニックス、一九八六年―

雑誌
「月刊コロコロコミック」小学館
「週刊少年ジャンプ」集英社
「週刊少年サンデー」小学館
「なかよし」講談社
「りぼん」集英社
「ちゃお」小学館
「ピチレモン」学習研究社↓学研パブリッシング↓学研教育出版↓学研プラス

「Seventeen」集英社
「ＫＥＲＡ！」ジェイ・インターナショナル

ドラマ
『Ｘファイル』ＦＯＸ、一九九三年―
『犯罪捜査官ネイビーファイル』ＮＢＣ↓ＣＢＳ、一九九五―二〇〇五年本書は「cakes」に二〇一四年から連載中の「女と結婚した女だけど質問ある?」の記事を厳選して加筆・修正し、書き下ろしを加えたものです。

書き下ろし原稿
「はじめに」
「思い出のコンテンツ」
「メンチカツ食ってミス日本」
「パフォーマンスとしてのハピネス」
「物語の続きを」

［著者略歴］
牧村朝子（まきむら・あさこ）
タレント、文筆家。2010年度ミス日本ファイナリスト。13年、フランスでの同性婚法制化を機に結婚。芸能事務所・オフィス彩に所属してテレビで活躍。並行して、『百合のリアル』『同性愛は「病気」なの？』（ともに星海社）、『ゲイカップルに萌えたら迷惑ですか？』（イースト・プレス）などの著書を刊行。17年に事務所から独立し、「脱婚」。LGBT 関連にとどまらず多面的に活躍中

ハッピーエンドに殺《ころ》されない

発行………2017年10月31日　第1刷
定価………1600円＋税
著者………牧村朝子
発行者……矢野恵二
発行所……株式会社青弓社
〒101-0061 東京都千代田区三崎町3-3-4
電話 03-3265-8548（代）
http://www.seikyusha.co.jp
印刷所……三松堂
製本所……三松堂

ISBN978-4-7872-9245-2 C0095